DENTRO
MAREFUORI

SOLFERINO

Rai Libri

DENTRO **MARE**FUORI

Il fan book ufficiale della serie

I testi delle pagine "#emozioni" sono liberamente ispirati al romanzo *Mare Fuori. Le forme dell'amore* (edito da Solferino, 2024).
I testi delle pagine "#parolechiave" sono tratti dal dizionario italiano *Sabatini-Coletti* (edito da Hoepli, 2024).

Fotografie: Sabrina Cirillo, Getty Images (pp. 20-21, 84-85, 151, 165)

L'editore ha fatto il possibile per rintracciare gli aventi diritto
e rimane a disposizione per ottemperare a eventuali obblighi.

Coordinamento editoriale: Angela Lombardo
Progetto grafico e realizzazione editoriale: GraFFiti Creative-Milano
Art direction ed elaborazioni grafiche: Anna Venturini
Redazione: Andrea Voglino e Alfredo Rossi

SOLFERINO

www.solferinolibri.it

ISBN 978-88-282-1554-7
Prima edizione: dicembre 2024

CIAO!

Se hai preso in mano questo libro, probabilmente anche tu appartieni alla grande famiglia dei fan di questa serie che ha toccato il cuore di tante persone. ...O magari invece, al contrario, per qualche ragione non hai mai visto una puntata di *Mare Fuori* e non sai ancora nulla dei suoi personaggi, dei momenti più tesi o più dolci, dei temi che si intrecciano attraverso le vite dei protagonisti.

In un caso o nell'altro, ti auguriamo buon viaggio all'interno di questo volume che raccoglie le immagini più belle delle prime quattro stagioni, ripercorrendo tutti gli episodi in modo da permetterti di seguire sempre il filo della trama, sia che tu faccia parte della schiera degli appassionati sia che ti accosti per la prima volta a questo mondo.

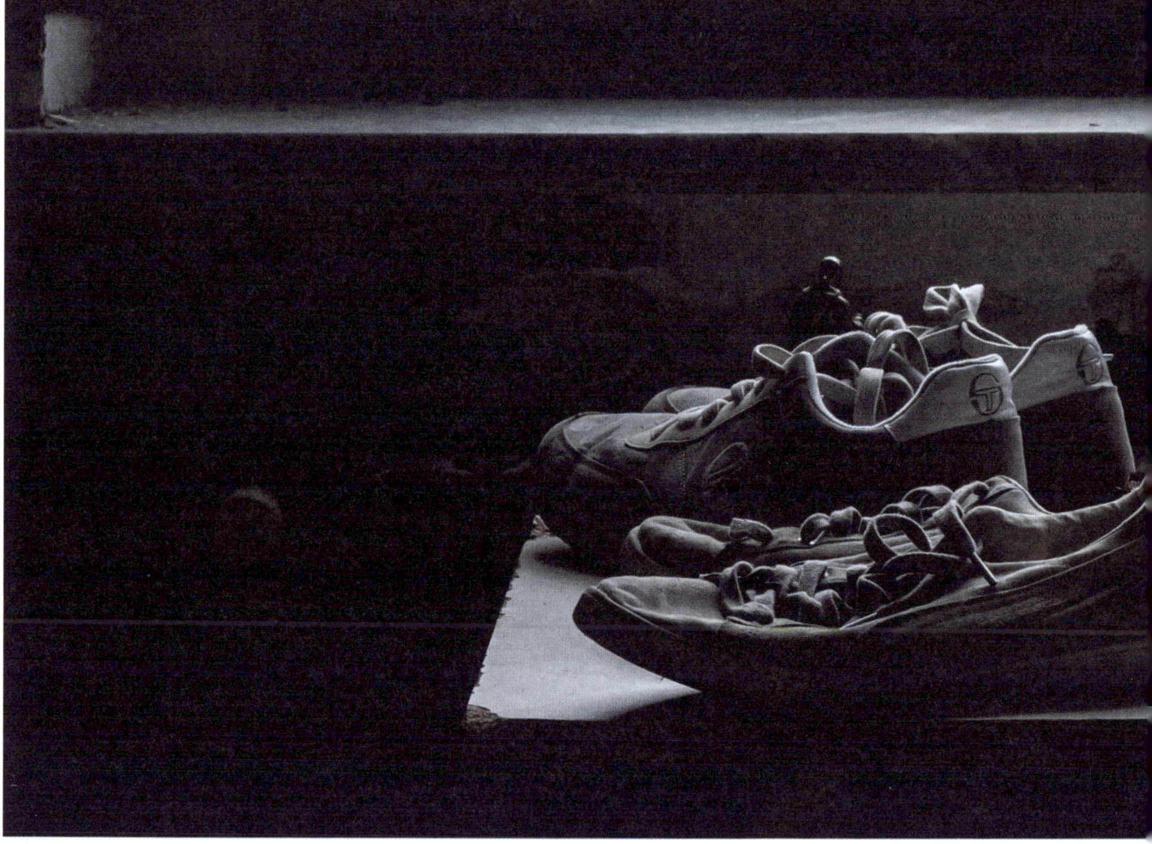

Inoltre, abbiamo voluto offrirti qualcosa di speciale e inedito: nelle sezioni dentro Mare Fuori e confessioni potrai immergerti nell'atmosfera del set, con foto di backstage e tantissime informazioni e curiosità sui luoghi nei quali è stata girata la serie e sugli attori che interpretano alcuni dei personaggi principali.

Infine, altre due sezioni dedicate rispettivamente alle parole chiave – i temi più profondi su cui si impernia tutta la narrazione – e alle emozioni dei personaggi, per affacciarsi sui sentimenti che stanno dietro le parole pronunciate e le azioni, tuffandosi nel vivo della parte più intima che sta dentro *Mare Fuori*.

Buona lettura!

SOMMARIO

MAREFUORI 1 pag 8

MAREFUORI 2 pag 60

MAREFUORI 3 pag 112

MAREFUORI 4 pag 166

MAREFUORI

1

EPISODIO 1

Vite spezzate

In una cella dell'Istituto Penale per i Minorenni di Napoli si incrociano le vite di Filippo, milanese benestante con il sogno di diventare pianista, e di Carmine "'o Piecuro", che appartiene a una famiglia del "sistema" ma ha scelto un lavoro onesto e vuole fare il parrucchiere. Filippo è accusato di omicidio per una tragica sfida dopo una serata in discoteca che ha portato alla morte del suo amico Greg; Carmine ha ucciso Nazario Valletta, che ha tentato di violentare la sua fidanzata.

EPISODIO 2

Educazione criminale

Filippo fatica ad adattarsi alla dura vita dell'IPM e rifiuta la protezione di Ciro, il boss dei detenuti, convinto di andare presto agli arresti domiciliari. Quando il magistrato gli impone di restare a Napoli, Filippo – ormai ribattezzato "'o Chiattillo" ("il signorino") – finisce nel mirino degli scagnozzi di Ciro, rischiando di pagare cara la sua decisione. Intanto, il comandante Massimo e la nuova direttrice hanno opposte visioni sulla linea da seguire con i ragazzi.

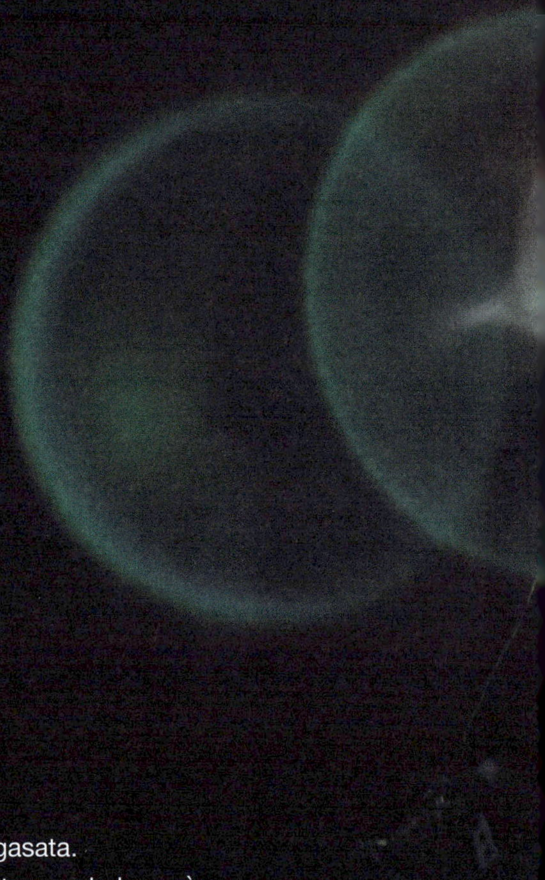

GREG

«Dai...» dice Filippo con quella faccia gasata.
Che gli è preso stanotte? Greg non è abituato a vederlo così,
ma di sicuro non può fare la figura del cagasotto.
Se l'ha fatto Filippo lo potrà fare pure lui.
Almeno in una cosa riuscirà a essere bravo quanto Filippo.

«Va bene, prendimi le caviglie.»

Tanto deve solo lasciarsi andare con la testa all'indietro
verso quel mare tutto nero, resistere da uno a sessanta e fidarsi di lui.

Di chi si può fidare, se non del suo migliore amico?

BACKSTAGE
BACKSTAGE

BACKSTAGE
BACKSTAGE

IN CIMA AL MONDO

La scena della morte di Greg è stata girata sulla piattaforma di un eliporto in disuso da tempo. Oggi l'eliporto non è accessibile al pubblico, ma esiste un progetto di riqualificazione urbana che potrebbe recuperare e rendere presto fruibile la piattaforma, che consente una vista a trecentosessanta gradi sulla città.

Naturalmente, prima di aprirla al pubblico, la terrazza verrà messa in sicurezza! Infatti l'idea è che l'eliporto non serva più come base di atterraggio per gli elicotteri, ma per dare accesso ai tanti turisti che sempre di più accorrono in città per scoprire la magia di Napoli (e per vedere dal vivo i luoghi clou di *Mare Fuori*).

PAOLA

respon

responsabilità (s.f.) - La condizione di dovere rendere conto di atti, avvenimenti e situazioni in cui si ha una parte, un ruolo determinante: *assumersi le proprie responsabilità.; fare qlco. sotto la propria r.*; incarico, mansione di cui si è responsabili: *affidare a qlcu. la r. del settore vendite*; impegno, obblighi che derivano dalla posizione che si occupa, dai compiti, dagli incarichi che si sono assunti: *la famiglia dà molte r.; accettando la nomina ha preso su di sé una grave r.* (...)

sabilità

#emozioni

CIRO

Lui è un Ricci e ha da fa l'omm'.

E mò il dovere suo l'ha fatto, tale e quale.
Preciso. Prendere la pistola velocemente,
guardarlo in faccia e scordarsi che Francesco
era stato 'o meglio cumpagn' suo, scordarsi
'e tutte 'e cose belle, ma tenè a mente solo una cosa:
che eseguire gli ordini è un dovere.
Tipo quello di prendere la pistola e sparare,
come gli ha detto suo padre – il boss.
Senza pensare a niente, senza ricordare le corse
che hanno fatto insieme da bambini.
Non pensare, ma eseguire gli ordini.

TOLEDO

Se sogni di andare a esibirti anche tu lì dove Naditza e Filippo hanno suonato insieme la prima volta (e forse non solo quella...) purtroppo non è possibile: infatti nell'atrio della stazione normalmente non c'è nessun piano!

«C'è il pianismo virtuoso di Filippo, pianista accademico e brillante, e quello magnetico e improvvisato della talentuosa Naditza. Abbiamo deciso di lavorare interamente su un repertorio originale creato appositamente per inventare la musica "classica" di Filippo e quella di impronta più popolare di Nad. Per Filippo mi sono ispirato a Fryderyk Chopin, il compositore che in assoluto amo di più, per Naditza abbiamo evitato la naturale associazione con la musica zingara per andare in una direzione più vicina al minimalismo. L'idea era quella di rimanere eleganti, toccanti, struggenti...»

STEFANO LENTINI, compositore delle musiche di *Mare Fuori*, da *TV Sorrisi e Canzoni* del 22 marzo 2023

La stazione della metropolitana di Toledo, a Napoli, dove è stata girata la scena dell'incontro tra Filippo e Naditza, è stata progettata dall'architetto spagnolo Óscar Tusquets e inaugurata nel 2012. Il quotidiano inglese *The Daily Telegraph* l'ha definita «la più bella d'Europa e del mondo».

NADITZA

Certo che è bravo...
Ma glielo avranno detto i suoi di stare attento qua a Napoli?
Questa è una giungla, qua non è come il posto da dove viene lui.
Se lo sarà già levato l'orologio?
Lo avrà messo al sicuro il portafoglio,
prima di entrare nella stazione della metropolitana?
Bello è bello, su questo non c'è dubbio:
Naditza lo guarda e rimette le mani sul piano.
Mò ci sarà da divertirsi, a suonare insieme.

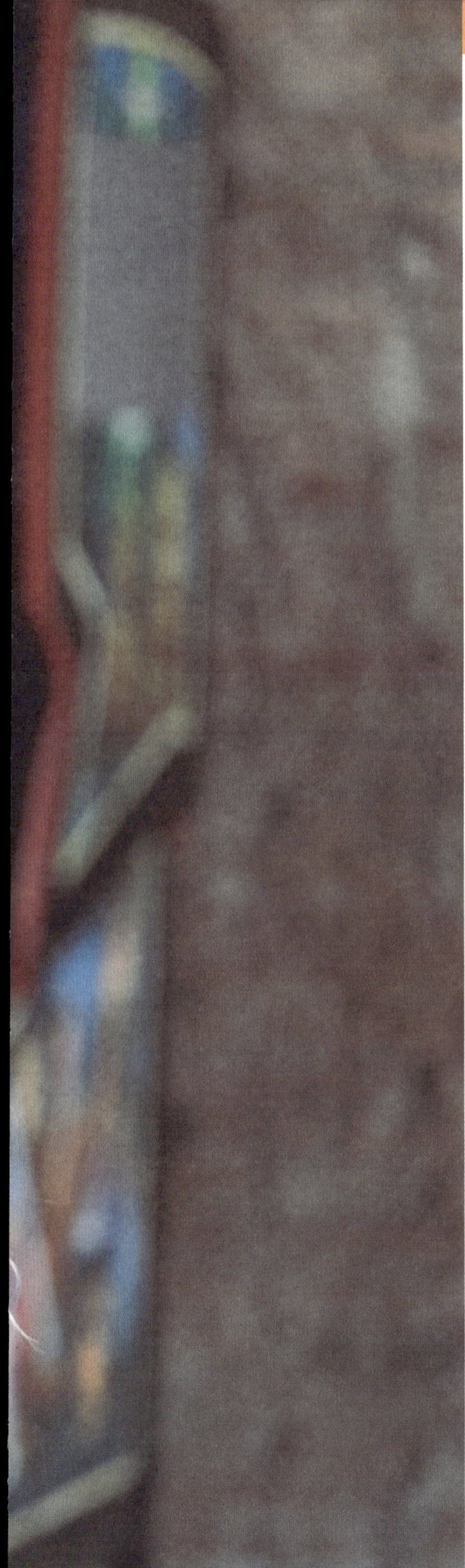

EPISODIO 3

Ogni famiglia ha le sue regole

Naditza si fa arrestare di nuovo per evitare un matrimonio forzato e appena arrivata punta per scommessa a conquistare Filippo. Carmine si sente sempre più minacciato da Ciro, che vuole vendicare la morte di Nazario, suo fraterno amico. Ciro a sua volta è detenuto per l'omicidio di un altro amico che aveva tradito la sua famiglia. Filippo cerca di impressionare Pino e gli altri inventando una storia d'onore, ma viene smascherato, peggiorando la sua situazione.

EPISODIO 4

Chi trova un amico trova un tesoro

Viola, carismatica e glaciale detenuta, fa di tutto per manipolare le altre ragazze: Naditza entra in conflitto con lei e cerca di liberare le amiche dal suo giogo. La direttrice Paola propone attività miste tra ragazzi e ragazze, ma la tensione cresce. Filippo cerca di placare Pino con un regalo, ma peggiora la situazione e decide di procurarsi un'arma. Carmine riceve una notizia sconvolgente: sta per diventare padre.

#emozioni

MASSIMO

Cosa credono questi ragazzi? Loro lo sanno da dove vengono; Massimo lo sa benissimo, perché è lo stesso posto da dove viene anche lui. Lo sanno, lo sa, quanta rabbia tengono dentro, quanta sofferenza e quanta fatica gli costa passare le giornate cca dint'. Pure a lui certi giorni pesa la fatica di questo distintivo che si porta appeso al collo. Però stanno semp' cca pe' iss, guagliù. Ci sono.

Magari solo per aiutarli a pensare che la speranza c'è sempre, come c'è stata per lui.

#parolechiave

speranza (s.f.) - Attesa fiduciosa di un futuro positivo e, in partic., che si realizzi qlco. che si desidera: *dare, infondere speranza*; possibilità effettiva che si realizzi quanto si desidera; sin. chance: *non c'è nessuna s. di salvezza* || *s. di vita*, in statistica, numero medio di anni che rimangono ancora da vivere a chi appartiene, in una certa popolazione, a una determinata classe di età (...)

CARMINE

speranza

MF
MAREFUORI
#gliepisodi

EPISODIO 5

La vendetta per guarire

All'IPM arriva Gemma: dopo che sua sorella, per difenderla, è diventata vittima della violenza del suo fidanzato, la vendetta le è sembrato l'unico modo per guarire dall'amore malato per Fabio. Carmine trova una nuova speranza nella paternità, ma resta nel mirino dei Valletta. La tensione cresce. Filippo, esasperato dai soprusi, per difendersi ha rubato un'arma – una lametta – e rischia di perdere il controllo.

EPISODIO 6

L'appartenenza

Riconsegnata la lametta, Filippo accetta la protezione di Ciro che ha grandi progetti per lui, ma Carmine lo avverte che sta entrando nel "sistema", dove ogni favore è un debito. Ciro, intanto, organizza una prova di coraggio per Filippo, mentre Gemma viene manipolata da Viola, che sfrutta la sua fragilità per controllarla. Fuori dall'IPM, Edoardo in licenza si confronta con una tigre allo zoo e con le tentazioni della città.

#emozioni

GEMMA

«Il caso dell'acido di Udine»,
dice la scritta in basso del telegiornale,
facendole riempire gli occhi di lacrime.
Vorrebbe morire anche lei in questo momento;
invece è viva, pure troppo.
«Un aggiornamento sul ferimento
di Fabio De Gregorio», annuncia.
«Il giovane, ricorderete, era stato gravemente ferito
da due colpi di pistola sparati dalla fidanzata,
attualmente detenuta nell'Istituto Penale
per i Minorenni di Napoli, dopo che aveva
sfregiato con l'acido la sorella Ambra
per errore, scambiandola per lei.»
Ha detto: «gravemente ferito da due colpi di pistola»,
non «ucciso da due colpi di pistola».

**Sarebbe impossibile trattenere il pianto,
anche se la stanno guardando tutte.**

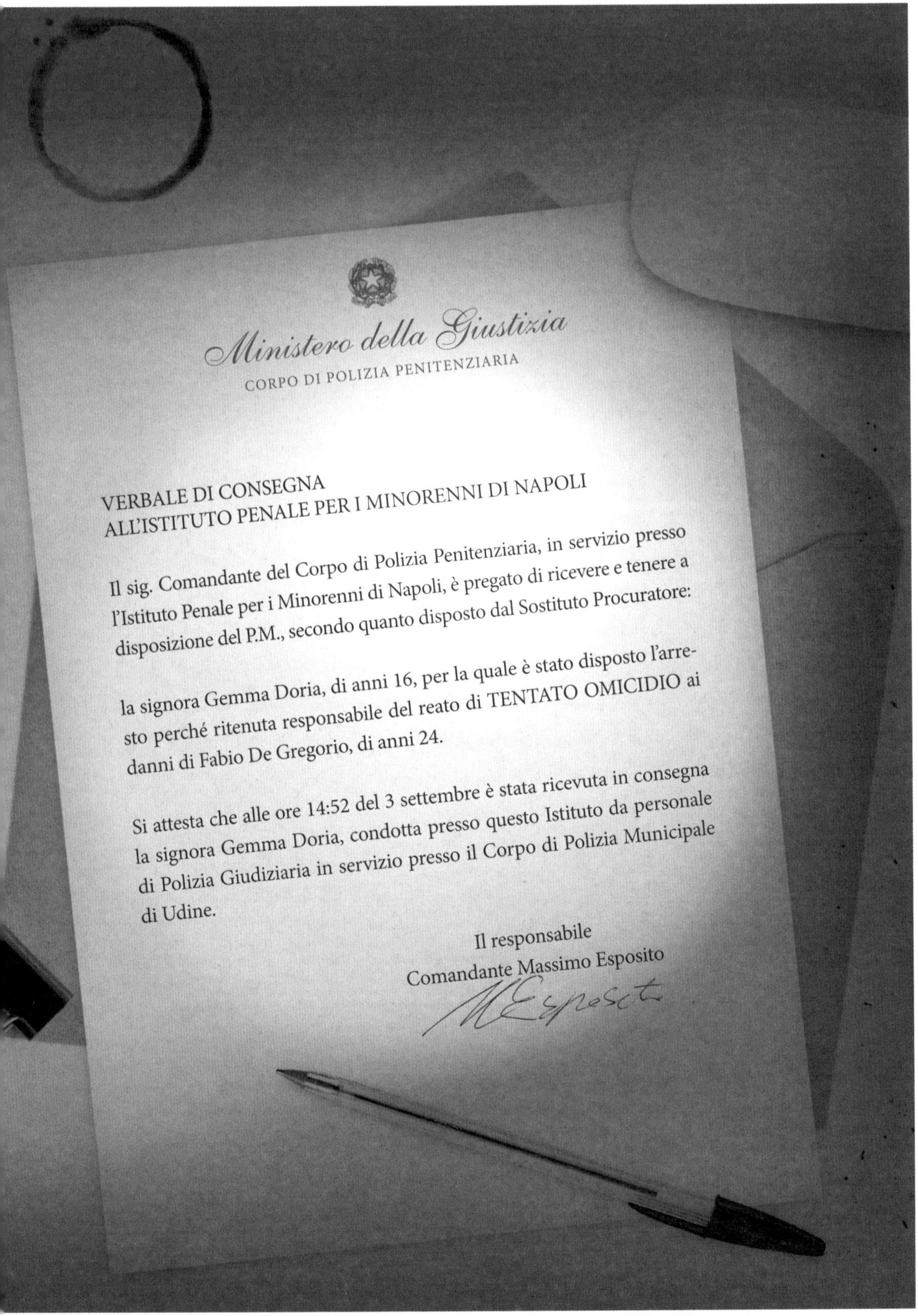

Ministero della Giustizia
CORPO DI POLIZIA PENITENZIARIA

VERBALE DI CONSEGNA
ALL'ISTITUTO PENALE PER I MINORENNI DI NAPOLI

Il sig. Comandante del Corpo di Polizia Penitenziaria, in servizio presso l'Istituto Penale per i Minorenni di Napoli, è pregato di ricevere e tenere a disposizione del P.M., secondo quanto disposto dal Sostituto Procuratore:

la signora Gemma Doria, di anni 16, per la quale è stato disposto l'arresto perché ritenuta responsabile del reato di TENTATO OMICIDIO ai danni di Fabio De Gregorio, di anni 24.

Si attesta che alle ore 14:52 del 3 settembre è stata ricevuta in consegna la signora Gemma Doria, condotta presso questo Istituto da personale di Polizia Giudiziaria in servizio presso il Corpo di Polizia Municipale di Udine.

Il responsabile
Comandante Massimo Esposito
M Esposito

ri vin ci ta

rivincita (s.f.) - Nel gioco e nello sport, nuova partita o gara che il vincitore concede per dare a chi ha perso la possibilità di rifarsi: *chiedere la r.*; l'incontro, la partita stessi: *clamorosa r.*; estens. Successo con cui ci si rifà di una precedente sconfitta, di un precedente insuccesso: *prendersi una rivincita* (...)

EDOARDO

MARE FUORI

#gliepisodi

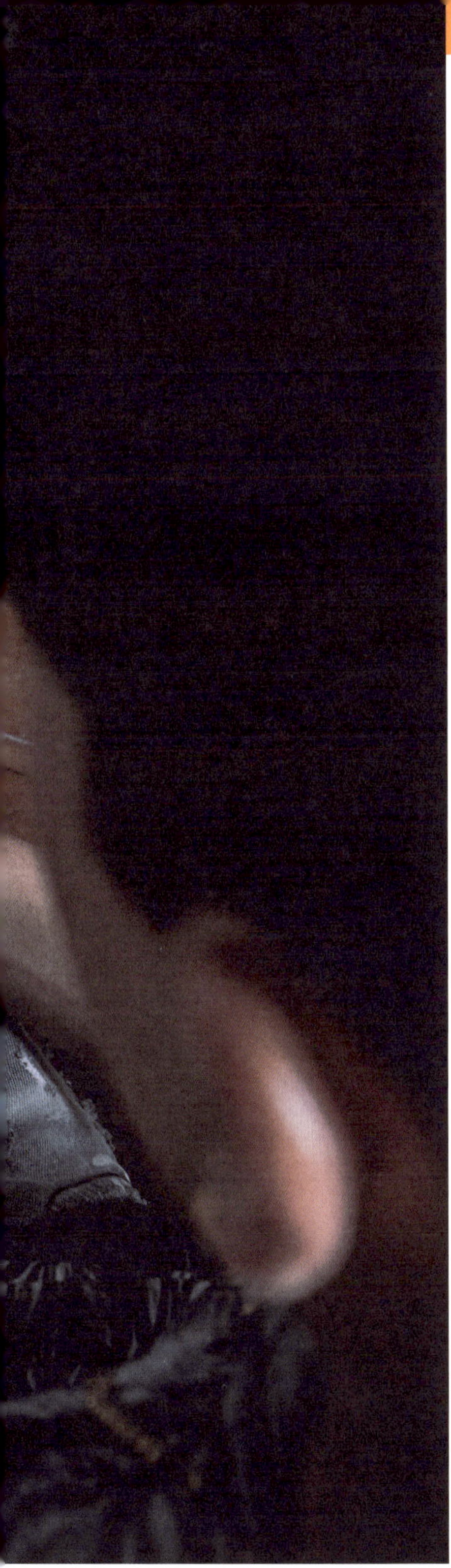

EPISODIO 7
L'amore malvagio

Filippo scopre il costo della protezione di Ciro, mentre Carmine cerca di sfuggire al ricatto della sua famiglia: per ottenere il perdono dei Valletta, dovrà uccidere un uomo all'IPM. Viola continua a manipolare Gemma. Edoardo corteggia Teresa, giovanissima insegnante di ceramica, durante le attività creative. L'amicizia tra Filippo e Carmine va in crisi proprio quando hanno più bisogno l'uno dell'altro.

EPISODIO 8
Conosci te stesso

Per ricambiare l'amicizia di Ciro, Filippo ha usato l'auto del padre per il traffico di droga, ma è soffocato dal senso di colpa. Naditza (appena scappata dall'ennesimo matrimonio combinato) lo vede in una situazione ambigua e crede che lui l'abbia tradita. Istigata da Viola, Gemma ricontatta l'ex fidanzato, mentre Massimo continua ad avere per Carmine un occhio di riguardo e non sa che il ragazzo ha avuto l'ordine di ucciderlo se vuole salvare la propria vita.

#emozioni

FILIPPO

Naditza suona meglio di lui, questa è la verità. Anzi, non meglio: con più cuore.

Prima era troppo lento e ora troppo veloce. Filippo è stanco.
Si passa la mano sulla fronte, puntando le dita in mezzo agli occhi, sospira forte e la riporta giù, sulla tastiera del pianoforte.
Ha un po' di nausea. Ha sonno. Una volta ancora e poi basta.
No. Ora meglio, ma non perfetto. Non abbastanza.
Lo aiuta a svuotarsi un po' il petto da questo macigno, ma non basta.
Chiude gli occhi solo per un attimo, con le mani ferme sui tasti.

#emozioni

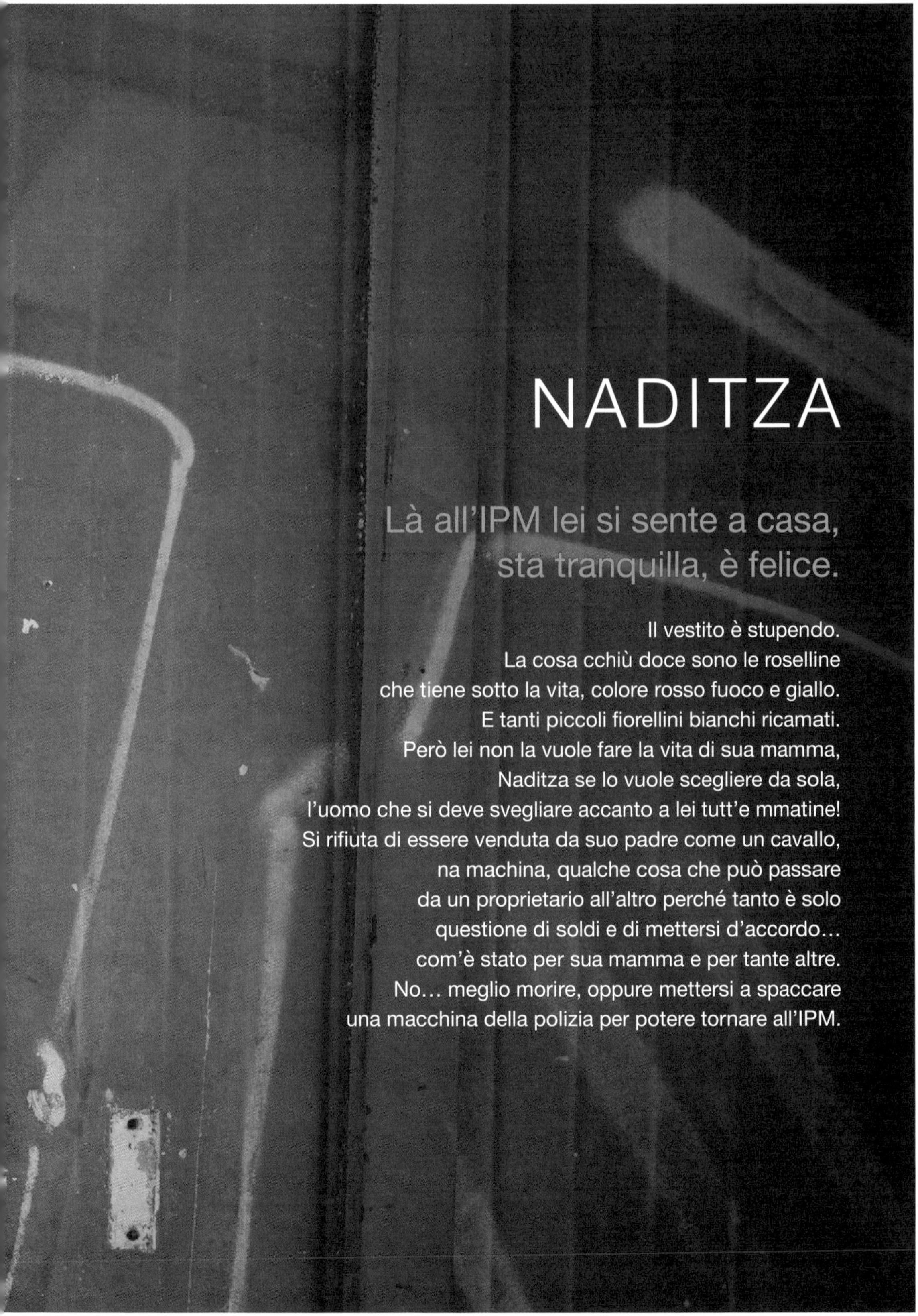

NADITZA

Là all'IPM lei si sente a casa, sta tranquilla, è felice.

Il vestito è stupendo.
La cosa cchiù doce sono le roselline
che tiene sotto la vita, colore rosso fuoco e giallo.
E tanti piccoli fiorellini bianchi ricamati.
Però lei non la vuole fare la vita di sua mamma,
Naditza se lo vuole scegliere da sola,
l'uomo che si deve svegliare accanto a lei tutt'e mmatine!
Si rifiuta di essere venduta da suo padre come un cavallo,
na machina, qualche cosa che può passare
da un proprietario all'altro perché tanto è solo
questione di soldi e di mettersi d'accordo…
com'è stato per sua mamma e per tante altre.
No… meglio morire, oppure mettersi a spaccare
una macchina della polizia per potere tornare all'IPM.

LOVE

EPISODIO 9
Legami spezzati

Filippo – che alla fine ha avvisato il padre, facendo fallire il piano di Ciro – confessa tutto a Carmine. Ora Ciro cercherà vendetta e lui tornerà a trovarsi in pericolo. Pino è geloso del rapporto tra Ciro e Filippo, mentre Edoardo scrive una poesia per Teresa. Viola continua a manipolare Gemma, mentre Naditza finge disinteresse per Filippo, nonostante sia sempre più innamorata.

EPISODIO 10
Le forme dell'amore

Carmine deve uccidere Massimo per salvarsi, ma Filippo lo aiuta a farsi ricoverare e a pianificare una fuga dall'ospedale. Ciro crede che Pino lo abbia tradito e si vendica facendo fare una fine atroce al suo amato cane: questo lo fa impazzire dal dolore, tanto da spingerlo al suicidio. Naditza, confusa dai suoi sentimenti per Filippo, trova conforto nella musica per avvicinarsi a lui. Edoardo, ammesso alla finale di un concorso di poesia, si apparta con Teresa malgrado sia lì presente Carmela, la sua fidanzata.

#confessioni

Carmela era un'amica di Rosa.
L'ho conosciuta che stavamo
sulla spiaggia e subito aggia pensato
"Uà, che femmena!"
... e poi piano piano ci siamo innamorati.

EDOARDO

Phottix
BACKSTAGE
BACKSTAGE

PINO

rabbia (s.f.) - Violenta irritazione, spesso accompagnata da parole o da azioni incontrollate; sin. collera, ira, furore: *fremere dalla rabbia*; con sign. più attenuato, disappunto, stizza: *mi fa r. vedere tutto quello spreco* (...)

rabbia

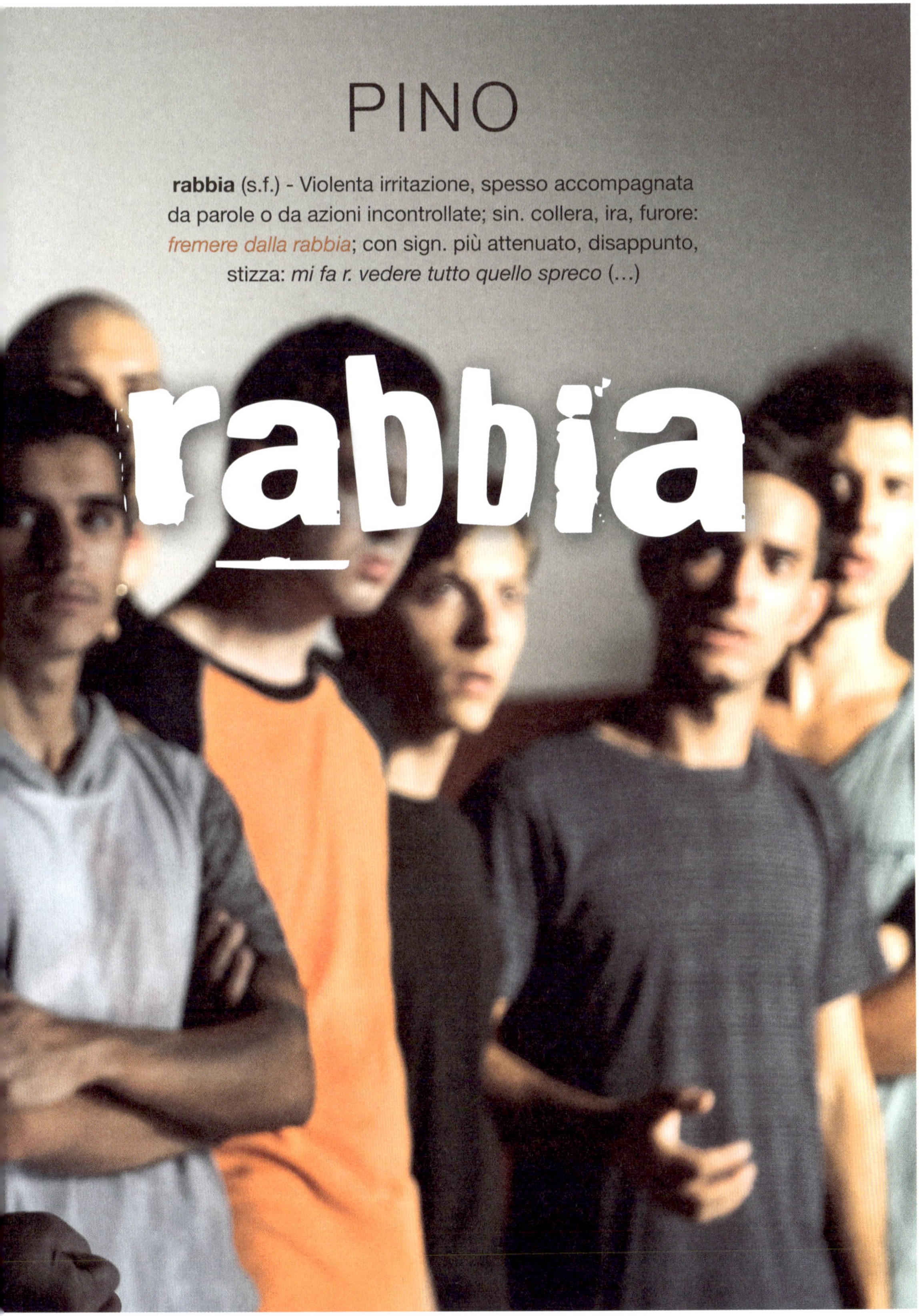

#emozioni

GIANNI

Che ne sa lui di che cos'è l'amore tra un uomo e una donna?

Niente. A casa sua nun l'ha visto maie,
e in diciassette anni di vita non l'ha mai avuto
e overamente non l'ha manco mai dato.
Può riuscire ad avere o a dare amore,
uno che crescendo non l'ha visto mai?
L'unica cosa che sa, però, è di non essere un criminale.
Lui è solo solo nu strunz, che se n'è andato a fare una rapina
perché sperava di potere guadagnare quattro soldi e diventare lui
l'uomo di casa, per buttare fuori quella merda di suo padre.
A sua mamma l'ha amata così tanto
da fare questo per lei: altro sull'amore lui non sa.

#confessioni

Io mi fido di Fabio perché è stato il mio primo amore, è stato la persona che mi ha fatto uscire da quel periodo buio dopo la morte di mio padre. Mi sono fidata di lui completamente, fin dal primo momento, e quindi era più difficile allontanarmi da lui, anche dopo tutto quello che era successo.

GEMMA

CONFESSIONI
GEMMA
1
GIORNO 3

MAREFUORI
#gliepisodi

EPISODIO 11

Fai la cosa giusta

Filippo salva il suo "nemico" Pino, mentre Carmine decide di non uccidere Massimo e tenta di fuggire fuori dall'Italia con Nina, deciso a proteggere sua moglie e il bambino in arrivo da eventuali rappresaglie. Ciro scagiona Pino e scopre il piano di Filippo e Carmine, promettendo vendetta. Naditza trova un modo per mettere Filippo in isolamento e proteggerlo, ma Ciro non sembra avere alcuna fretta di prendersi la rivalsa: la sua vendetta è solo rimandata.

EPISODIO 12

Morire per vivere

Ciro organizza una rivolta per colpire Carmine e Filippo. Massimo vuole proteggerli, ma Ciro prende in ostaggio Paola per ottenere informazioni. La tensione raggiunge il culmine mentre Filippo e Carmine si preparano ad affrontare il pericolo insieme: 'o Piecuro e il Chiattillo contro il ragazzo più spietato dell'IPM. Morte e vita si sfiorano e mentre Carmine crolla a terra, ferito, sua figlia Futura si affaccia al mondo...

BACKSTAGE
MF
BACKSTAGE

#emozioni

VIOLA

«Questo era un vostro compagno»

dice il comandante a voce troppo alta,
mentre gli infermieri portano verso l'ambulanza
una barella coperta da un lenzuolo.

«Nu guaglione comme a vuie.
Ma è muorto.»

«Chi è?» gli chiede qualcuno dei ragazzi.
I barellieri si fermano e Beppe scopre la parte superiore del lenzuolo svelando il viso di Ciro, che tutti hanno sempre considerato molto bello ma che a dire il vero a Viola non è mai piaciuto, neanche nei primi tempi, quando ancora non aveva iniziato a deluderla. Figuriamoci adesso. Sarà per questo che non sta provando nessun dolore, nessun senso di perdita, vedendolo così.

Da domani per lei non cambierà niente, qui dentro.

«Un perdente in meno» è l'epitaffio con cui lo lascia andare.

MAREFUORI

2

DG 465NF

#parolechiave

sogno

NINA

sogno (s.m.) - Fantasia a occhi aperti, speranza illusoria: *i s. di gioventù*; aspirazione, desiderio: *il suo s. è una casa in campagna*; cosa effimera e vana: *la vita è un sogno*; realtà talmente bella da sembrare irreale: *questo appartamento è un s.* || *di s.*, splendido, fantastico: *vacanza di s.* | *s. proibito*, desiderio irrealizzabile (...)

EPISODIO 1

La famiglia che verrà

Carmine è in coma, e intanto Nina sorprende tutti con gli inviti per il loro matrimonio. Edoardo prende il controllo all'IPM, mentre Filippo, minacciato da Gaetano e Totò per la morte di Ciro, ottiene protezione grazie a un patto tra Edoardo e il poliziotto Lino. Il comandante Massimo si mette in aspettativa e il magistrato decide di trasferire Filippo a Milano per sicurezza, ma Gaetano medita vendetta. Edoardo, Totò, Milos e Gaetano si tatuano sulle dita il nome di Ciro. Carmine si risveglia.

EPISODIO 2

Nella gioia e nel dolore

Gaetano tenta di uccidere Filippo, ma Edoardo stabilisce che qualsiasi vendetta avverrà fuori dall'IPM. Carmine sceglie Filippo come testimone di nozze. Pino torna all'IPM dopo la messa in prova e riabbraccia Filippo, grato per averlo salvato dal tentativo di suicidio; il suo nemico ora è Gaetano, che ha ucciso il suo cane Tyson. Intanto Filippo convince la madre ad accogliere Naditza in casa loro a Milano. Arriva il giorno del matrimonio di Carmine e Nina, ma poi lei viene travolta da un SUV.

amore

BEPPE

amore (s.m.) – Sentimento, affetto che comporta anche attrazione sessuale; sin. passione, attrazione: *a. adolescenziale, romantico* || *a. libero*, fuori da legami istituzionali e convenzioni sociali | *fare l'a. o all'a. con qlcu.*, avere un rapporto sessuale | *a. platonico*, casto, ispirato alla teoria platonica dell'amore come contemplazione del bello ideale (…)

#confessioni

> Io esplodo di felicità e di gioia perché...
> non l'aggia mai pruvato.
> L'amore è quello che riesce a curare
> i tuoi mostri.
>
> PINO

MAREFUORI
#gliepisodi

EPISODIO 3

Io non sono come voi

Nina non sopravvive. All'IPM, Filippo e Pino picchiano Gaetano, che si vanta della morte di Nina. Paola riesce a trasferire Naditza a Milano. Il nuovo arrivato, Sasà, viene picchiato da Totò, Milos e Gaetano, quando scoprono che è accusato di violenza sessuale. A Ostia, Kubra accoltella sua madre Latifah. Carmine, stravolto, affronta la madre di Nazario e quando capisce che non sono stati i Valletta a far uccidere Nina si punta la pistola alla tempia.

EPISODIO 4

Amare chi fa male

Massimo ferma Carmine dal suicidio: ora il ragazzo deve tornare all'IPM, dove può riabbracciare Filippo, che è pronto per essere trasferito a Milano, mentre Naditza vive già lì con i suoi. Kubra arriva all'IPM e attira l'attenzione di Pino. Beppe organizza uno spettacolo per la scarcerazione di Filippo, dove Gianni Cardiotrap si esibisce con *Sangue nero* e scambia con Gemma il loro primo bacio; ma alla fine Filippo decide di restare all'IPM per sostenere Carmine.

FACIMM 'MPRESS

La magia della narrazione fa miracoli! Alla fine del terzo episodio, Carmine scende da una scala e qualche istante dopo sbuca su una piazza sulla quale si affaccia la casa dei Valletta. In realtà le scene sono state girate in due luoghi diversissimi di Napoli: la prima, su una delle scalinate che si trovano tra Chiaia e i quartieri spagnoli; la seconda, nel cuore del rione Sanità. Quindi, se Massimiliano Caiazzo (l'attore che interpreta Carmine) avesse dovuto davvero spostarsi da quella scalinata a quella piazza, non ci avrebbe messo meno di una quarantina di minuti... E chissà, magari in tutto quel tempo avrebbe avuto modo di riflettere e placare un po' la sua terribile disperazione.

La scena del matrimonio invece è stata girata a Palma di Campania, un paese non distante da Napoli, dove Carmine si sarebbe rifugiato con Nina sotto un programma di protezione.

#parolechiave

TERESA

fiducia (s.f.) - Affidamento che si fa su qlcu. o qlco.; attesa ottimistica di qlco.: *avere fiducia in se stessi*; credito, stima: *perdere la f. di qlcu.* || *di f.*, di cui ci si serve abitualmente e su cui si fa completo assegnamento: *medico di f.* (...)

fiducia

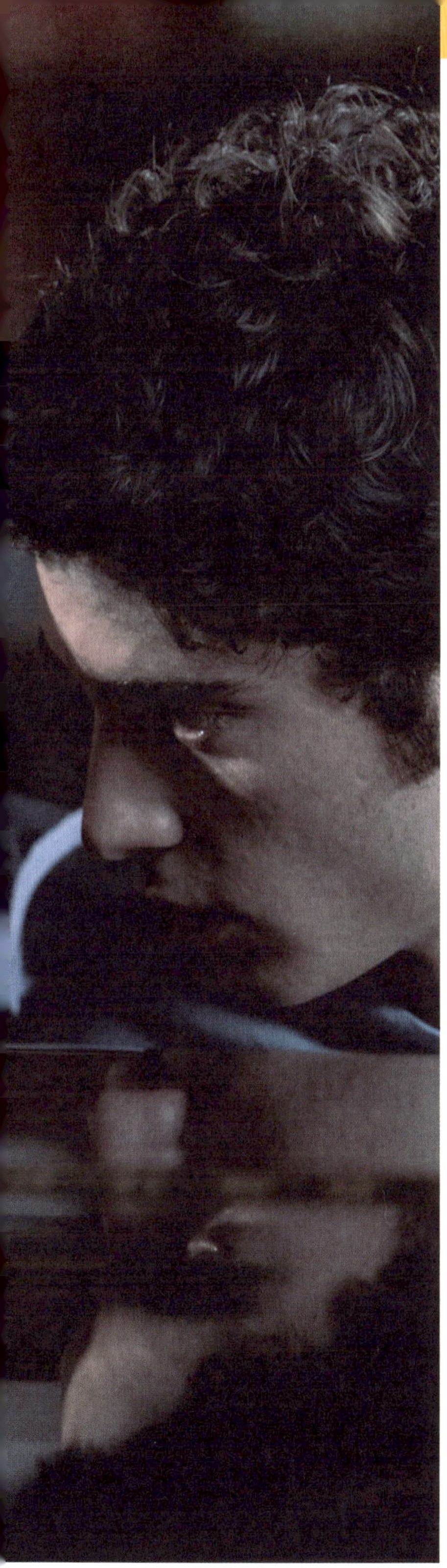

IL NOSTRO CANTO LIBERO

Così come la stessa sigla di *Mare Fuori* (che in questi anni è diventata una hit straordinaria, conquistando un disco di platino e il cuore di tantissime persone di tutte le età), *Origami all'alba* e altre presenti nella serie, anche la canzone *Sangue nero* non è stata scritta da Domenico Cuomo, l'attore che interpreta Gianni Cardiotrap, ma da Matteo Paolillo, che nella serie dà il volto a Edoardo.

Ecco cosa ha dichiarato Matteo a proposito del senso che ha avuto per lui scrivere questa canzone: «Quando il pubblico mi ascolta sento sempre la responsabilità di dargli qualcosa. È un percorso che ho iniziato con *Sangue nero* e che ci tenevo a portare avanti. Il compito dell'artista non è parlare a un essere umano, ma all'umanità in senso collettivo».

Vanity Fair, 6 settembre 2022

orgoglio

LIZ

orgoglio (s.m.) - Stima eccessiva di sé e dei propri meriti; sin. presunzione: *essere pieno di o.*; Amor proprio, fierezza: *lo hai offeso nel suo o.*; Cosa o persona di cui si può essere fieri; sin. vanto: *questo ragazzo tanto intelligente è l'o. della famiglia* (…)

MAREFUORI
#gliepisodi

EPISODIO 5

Il passato che ritorna

A dispetto del gesto generoso dell'amico di restare a Napoli per lui, Carmine si dimostra distante; mentre a Milano Naditza, delusa da Filippo, aiuta una zingara a fuggire dopo un furto. Massimo rientra all'IPM e Paola litiga con Wanda, la madre di Carmine: entrambe vogliono la custodia della piccola Futura. Beppe si rende conto di essere il padre di Kubra, e intanto Edoardo è sempre più innamorato di Teresa.

EPISODIO 6

La mamma è sempre la mamma

Naditza viene rintracciata dal padre, ma scappa rubando uno scooter. Teresa scopre che Edoardo ha una fidanzata da cui aspetta un figlio e Silvia e Kubra finiscono in isolamento per colpa di Viola. Wanda cerca di prendere Futura, ma Paola, con l'aiuto dell'ex marito, riesce ad avere la bambina in affidamento. Massimo e Beppe restringono i sospetti scoprendo che chi ha ucciso Nina è uno dei quattro detenuti con il nome di Ciro tatuato sulla mano: Edoardo, Milos, Gaetano e Totò.

Piazzetta Maurilio Bossi
Piazzetta Enrico Cuccia
Teatro alla Scala
Piazza Belgioioso
Via Clerici
Piazza Paolo Ferrari
Piazza Filippo Meda
Corso
Via S. Paolo
Giardino
The finest cocktails &
Via Armorari
Via Orefici
Duomo
Duomo di Milano
Piazzetta Pattari
Piazza Santa Maria Beltrade
Palazzo Reale di Milano
Via Falcone
Via Larga
Via Festa del Perdono
Via Olmetto

NADITZA A MILANO

Se a Napoli la vita di Naditza si muoveva per lo più tra il campo rom dove vive la sua famiglia e altri posti come l'hotel sul lungomare nel quale entra per derubare i clienti, fingendosi una escort distratta, le zone di Milano che lei si trova a frequentare sono una più bella dell'altra.

La famiglia di Filippo, che la ospita, vive in pienissimo centro, come si può dedurre dal fatto che le vetrate del soggiorno e la terrazza si affacciano sulle guglie del Duomo e sul campanile della chiesa di San Gottardo in Corte. Osservando la scena in cui il complice di suo padre Tal stava per svaligiare la casa di Filippo, possiamo capire con precisione dove abita (ma solo nella finzione scenica!) 'o Chiattillo: in via San Clemente 1, a pochi passi da piazza del Duomo e dalla sede dell'Università. Proprio lì, qualche tempo prima, Naditza aveva aiutato una giovane ladra.

HipHop
DANCE
HipHop
BROOKLYN
DANCE

CIRO
Edoardo
Milos

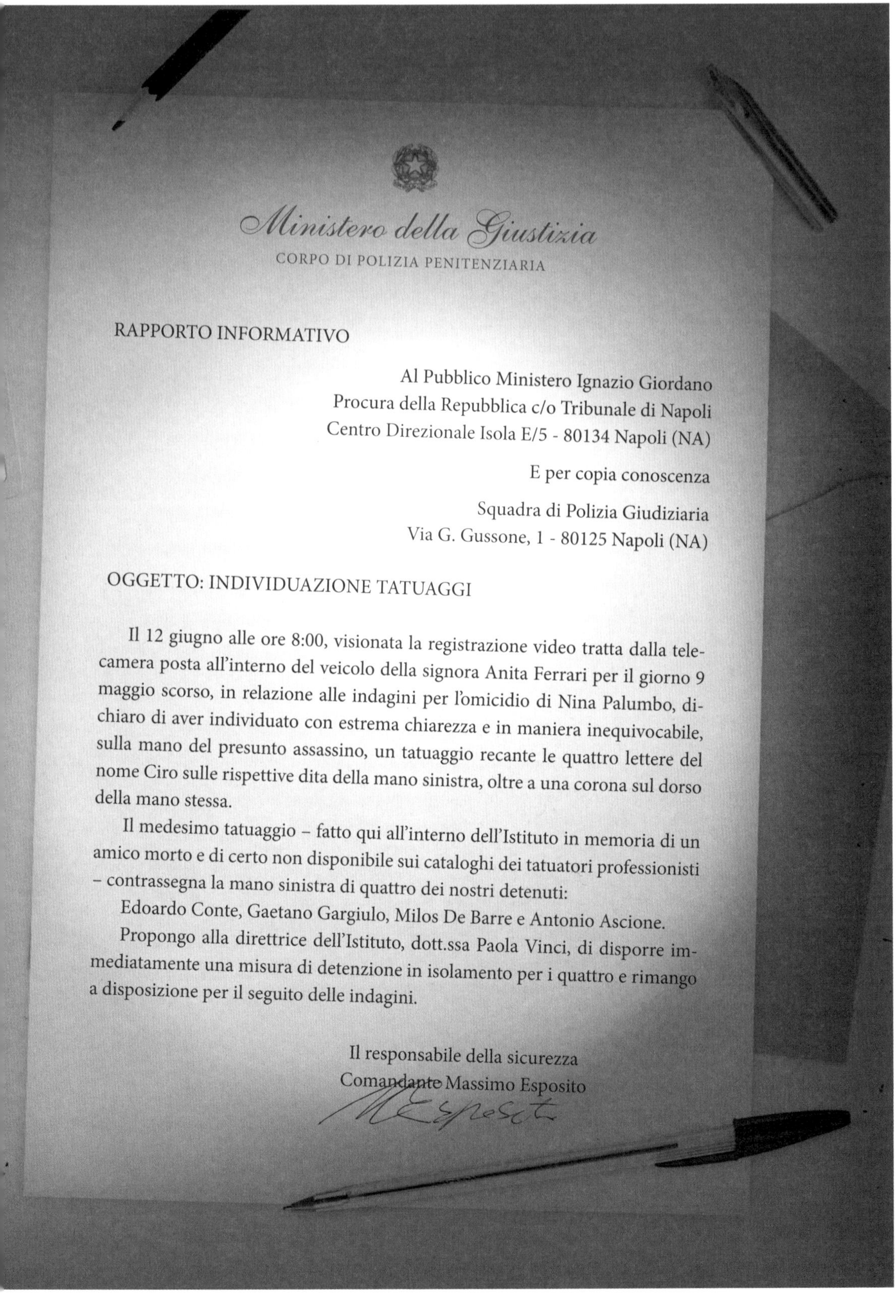

Ministero della Giustizia

CORPO DI POLIZIA PENITENZIARIA

RAPPORTO INFORMATIVO

Al Pubblico Ministero Ignazio Giordano
Procura della Repubblica c/o Tribunale di Napoli
Centro Direzionale Isola E/5 - 80134 Napoli (NA)

E per copia conoscenza

Squadra di Polizia Giudiziaria
Via G. Gussone, 1 - 80125 Napoli (NA)

OGGETTO: INDIVIDUAZIONE TATUAGGI

Il 12 giugno alle ore 8:00, visionata la registrazione video tratta dalla telecamera posta all'interno del veicolo della signora Anita Ferrari per il giorno 9 maggio scorso, in relazione alle indagini per l'omicidio di Nina Palumbo, dichiaro di aver individuato con estrema chiarezza e in maniera inequivocabile, sulla mano del presunto assassino, un tatuaggio recante le quattro lettere del nome Ciro sulle rispettive dita della mano sinistra, oltre a una corona sul dorso della mano stessa.

Il medesimo tatuaggio – fatto qui all'interno dell'Istituto in memoria di un amico morto e di certo non disponibile sui cataloghi dei tatuatori professionisti – contrassegna la mano sinistra di quattro dei nostri detenuti:

Edoardo Conte, Gaetano Gargiulo, Milos De Barre e Antonio Ascione.

Propongo alla direttrice dell'Istituto, dott.ssa Paola Vinci, di disporre immediatamente una misura di detenzione in isolamento per i quattro e rimango a disposizione per il seguito delle indagini.

Il responsabile della sicurezza
Comandante Massimo Esposito

EPISODIO 7

Il peso delle scelte

Arrestata per il furto, Naditza rientra all'IPM e accusa Filippo di aver tradito la sua fiducia. Carmine scopre che il colpevole è tra loro e cerca vendetta, mentre si acuisce lo scontro tra Edoardo e Gaetano. L'agente Lino, irretito dall'affascinante madre di Sasà, si affeziona molto al ragazzo e Beppe confessa a Massimo di essere il padre di Kubra, poi affronta suo fratello per aver distrutto la sua vita allontanandolo da Latifah. Al culmine di una lunga crisi, Massimo viene lasciato dalla moglie.

EPISODIO 8

Le forme dell'amore

Credendo di fare un favore a Filippo, Pino ha picchiato il padre di Naditza e gli ha rubato la cagnolina, che ora sta con loro all'IPM: Pino se ne occupa insieme a Kubra. Carmine cerca di uccidere Edoardo ma viene fermato. Trovato un alibi per Totò, Edoardo e infine per Milos, Gaetano rimane l'unico sospettato e Carmine chiede a Pino di trovare un'arma per vendicare la morte di Nina.

NADITZA

Per lei pesa più nu chil 'e libertà che cento chili d'oro. Però lei non lo sa proprio dove andarsela a cercare la libertà che desidera, non sa nemmeno dove potersela inventare. 'A casa sua è chesta, questa cella, questo letto, circondata dai disegni di Serena che ha appeso sopra al muro.

Questa è la sua famiglia, adesso.
E domani chi lo sa.

#emozioni

CONSUELO

Da quanto tempo sta aspettando Massimo sul balcone,
con questo bel vestito che aveva comprato per un San Valentino
di tanti anni fa, il trucco fatto con cura,
gli orecchini che oggi aveva comprato apposta per il provino?
Da quante ore cerca di scaldarsi alla luce dei lampioni
e di questi fuochi, pur di non vedere le stanze di casa sua?
«Amore» ha la faccia tosta di chiamarla Massimo,
quando finalmente rientra. «Scusa se ho fatto tardi,
è stata una giornataccia.»
«Sono tre ore che ti aspetto», gli ricorda lei,
lottando con se stessa per non piangere dalla rabbia
che le brucia nel cuore, in gola, sulle braccia.
Ancora una volta ha perso un'opportunità per potere sfondare
in tv; ancora una una volta si rende conto che quell'IPM
per lui è la sua vita, la sua casa.
È inutile prendersi in giro: non ha idea di come abbiano
fatto a ridursi così, ma ora sono qui,
ed è inutile che provino a raccontarsela.
«Sei uno stronzo» gli dice in faccia, e non le importa niente
che Pietro possa sentirla, perché è semplicemente la verità.

**«Tu questa famiglia non la vuoi.
E neanch'io.»**

#emozioni

«T'hai pigliato 'o core mio
e l'hai fatto a piezz'...
M' 'i facesse io trent'anni,
pe' na carezza 'e Nina»

gli dice Carmine. Ma poi, dopo questo pensiero dolce e disperato, evidentemente gli risale la rabbia solo al pensiero di quello che ha appena detto, quando si mette a provocare Totò: «T'avessa piacè sta vendetta, o no?» e addirittura gli urla in faccia: «Te piace o no, Totò? Te piace sta vendetta o no?». È solo quando Totò lo supplica: «Accireme!», mettendosi a sbattere la testa contro il muro con una violenza mostruosa, che Massimo gli corre incontro per dividerli e trattenerlo: mentre Totò continua a divincolarsi come un forsennato nella sua stretta, Massimo capisce all'istante che c'è soltanto una persona che può fermare questa sorta di delirio isterico, e chiama Carmine con gli occhi. Soltanto in questa specie di abbraccio, dove Carmine dà prova di aver conquistato talmente tanta forza da poterlo accogliere sul proprio petto, Totò può finalmente abbandonarsi e crollare.

TOTÒ e CARMINE

MARE FUORI
#gliepisodi

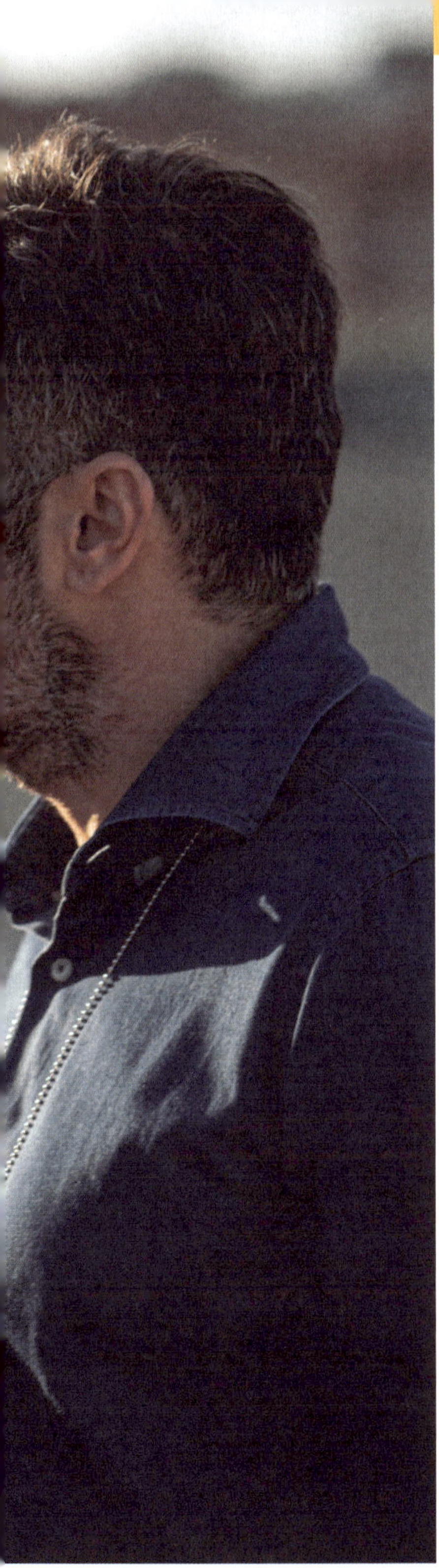

EPISODIO 9

Rivelazioni

Carmine capisce che Gaetano è l'assassino di Nina: Filippo cerca di dissuaderlo dalla vendetta e i due fanno a botte. Naditza è delusa da Filippo e il padre, ricoverato dopo il pestaggio di Pino, cerca di convincerla a sposarsi. Kubra si avvicina sempre di più a Beppe; durante il battesimo di suo figlio, Edoardo va da Teresa e picchia il ragazzo che è con lei. Massimo e Paola tentano di evitare nuove tragedie all'IPM, ma Carmine continua a cercare vendetta e ottiene un'arma da Pino.

EPISODIO 10

Niente è mai come sembra

Filippo e Carmine si allontanano per via della sete di vendetta di quest'ultimo. Edoardo viene denunciato per aggressione e rischia di finire a Poggioreale; un nuovo ragazzo, Mimmo, arriva all'IPM con un piano di donna Wanda per farlo evadere. Massimo e Paola si baciano. Viola fomenta Gemma per riavvicinarla al suo ex e cade l'alibi di Totò per la morte di Nina, proprio mentre Carmine ha trovato l'occasione perfetta per vendicarsi di Gaetano.

CARMINE

papà (s.m.) fam. Padre; usato come appellativo e forma affettuosa: *p., guarda!; mamma e p.* || *fig. figlio di p.*, chi vive sfruttando il denaro e il prestigio della propria famiglia (...)

papà

Ciro per me è stato tutt' cose,
specialmente quando abbiamo
perso nostra madre.
Poi quando i miei fratelli sono morti
e mio padre è stato sparato,
là so' dovuta crescere.

ROSA

BACKSTAGE
BACKSTAGE

EPISODIO 11

Colpevole d'innocenza

Carmine sta per uccidere Gaetano, ma crede alla sua innocenza e lo risparmia. Totò ammette di aver ucciso Nina e inizia a rivelare chiari segni di follia. Gemma incontra Fabio, il suo ex, e cede di nuovo alle sue manipolazioni. Edoardo organizza l'evasione con l'aiuto di Mimmo, ma Carmine scopre il piano: lui e Filippo riescono a fuggire dall'IPM al posto suo, con l'obiettivo di fermare il matrimonio combinato che Naditza ha deciso di accettare.

EPISODIO 12

Il punto di rottura

Mimmo (doppiogiochista che stava consegnando Edoardo a donna Wanda) riesce a salvare per un pelo Carmine e Filippo. Gemma ha paura di denunciare Fabio: Gianni, che si è esibito nel suo primo concerto, lo uccide accidentalmente. Sasà, supportato da Lino, confessa di aver violentato Erika. Filippo e Carmine riescono a impedire il matrimonio di Naditza e i tre ragazzi scappano, ma Carmine si costituisce per salvare gli amici e tornare dalla figlia. Rientrato all'IPM, Carmine trova Rosa Ricci, la sorella di Ciro, che è entrata all'IPM per uccidere Carmine.

NON HO L'ETÀ?

Come mai Totò viene trasferito dall'IPM a Poggioreale? Essendo entrato all'IPM da minorenne per il reato di incendio doloso, quando viene accusato dell'omicidio di Nina, del quale si dichiara apertamente colpevole e che per giunta è stato eseguito in modo freddissimo e calcolato (dunque probabilmente senza nessuna attenuante), nel frattempo è già diventato maggiorenne.

Come ha dichiarato il dossier dell'Associazione Antigone, portavoce dei diritti e delle garanzie nel sistema penale: «La forza del sistema italiano della giustizia minorile, che tutta Europa ci ha invidiato, è stata proprio in passato nella sua capacità di differenziarsi dalle carceri per adulti e di proporre un approccio educativo».
Un approccio a cui gli educatori di *Mare Fuori* danno vita in ogni scelta, ricordandoci che per chi ha sbagliato non esistono solo gli anni di condanna ma anche la possibilità di imparare dagli errori, ottenere perdono e cercare una strada migliore per la propria vita: è questo lo scopo degli IPM.

ROSA

Le pare un buon segno che la prima persona che incontra è proprio 'u Piecuro, 'o walking dead, la ragione per cui ha fatto in modo di venire qua all'Istituto.
Perché se non ce l'hanno fatta questi quattro strunz, si vede che ci doveva pensare lei a vendicare suo fratello. Suo padre lo dice sempre che 'o meglio servizio è chillo ca te faje cu 'e mmane toje, e mò che hanno ammazzato pure a Pietro tocca per forza a lei.

«Uè, non mi riconosci, Di Salvo? Sono Rosa Ricci»

gli dice, continuando a camminare a testa alta mentre si stanno incrociando nel corridoio.
E poi le sembra utile precisare: «La sorella di Ciro».
Lui lo deve capire subito che quello che Rosa gli ha detto vale come promessa.

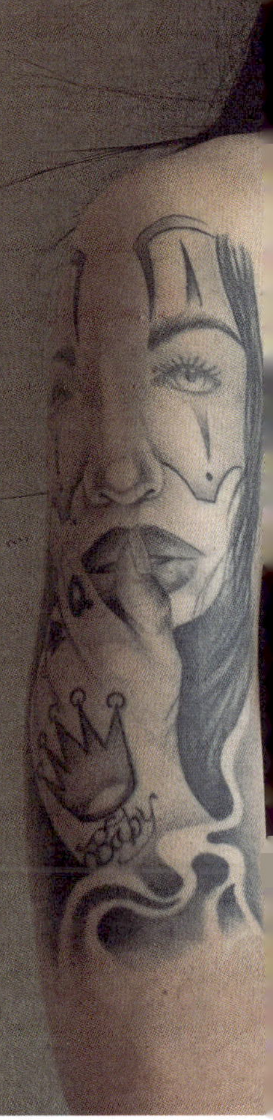

5,6,7,8...

16
NOME DETENUTO
POLIZIA PENITENZIARIA

MAREFUORI

3

#parolechiave

ROSA

Attrazione (s.f.) - Attrattiva, fascino: attrazione fisica; *esercitare una grande a. su qlcu.* (…)

attra

zione

EPISODIO 1

L'odio necessario

La fuga di Filippo e Naditza crea grande tensione nell'ambiente dell'IPM: Paola viene richiamata, mentre Edoardo corre il serio rischio di un trasferimento al carcere di Poggioreale e prova inutilmente a riavvicinare Gaetano perché vorrebbe che lui uccidesse Mimmo, ora che sa del suo tradimento. Rosa, neo-detenuta, pianifica di vendicarsi di Carmine. Gemma, ancora ignara della morte di Fabio, tenta di avvicinarsi a Gianni, che invece la respinge freddamente.

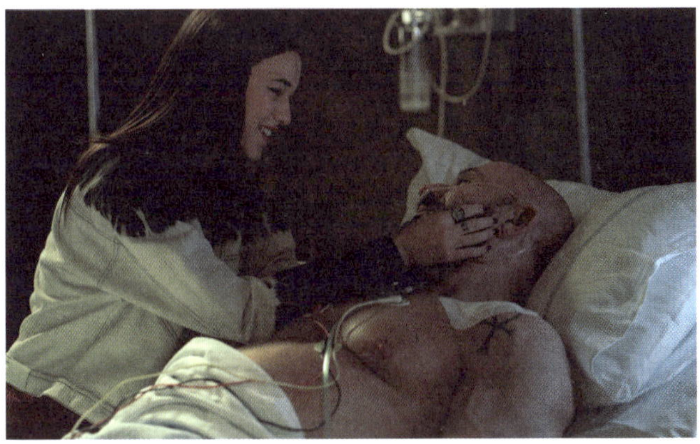

EPISODIO 2

Il richiamo del sangue

Durante un corso per fare le pizze, Rosa tenta di uccidere Carmine, ma lui la disarma prima che sia troppo tardi. Edoardo chiede a Carmela di sposarlo. Kubra si fidanza con Pino e accetta di vedere sua madre, mentre Filippo e Naditza continuano la loro fuga e Massimo – definitivamente chiuso il suo matrimonio – lo annuncia a Paola, che lo bacia con passione. Nel mentre, la situazione si complica: Carmine avverte Mimmo che sta rischiando la vita e Wanda incarica Mimmo di uccidere Rosa.

#emozioni

CIRO

«La vedo ogni volta che ti guardo, la mamma» dice a Rosa, abbracciandola e proseguendo la passeggiata.
«Tu si tale e quale a iss: non le sai nascondere e'ccose.»
Infatti il sorriso di sua sorella è chiaro come questo mare che sta luccicando davanti a loro.
È quasi l'ora del tramonto, mò la riporta a casa, ma Ciro vuole stare ancora cinque minuti qua con lei, perché è troppo bello a quest'orario.
Rosa si stringe vicino a lui e sorride, e fa bene, perché sa che suo fratello ci sarò sempre per lei.

Quando una famiglia si spezza, bisogna restare uniti ancora di più.

E ai Ricci nessuno li potrà mai dividere. Solo la morte.

BACKSTAGE
BACKSTAGE

#emozioni

PAOLA

L'ultima cosa al mondo che potrebbe pensare è di aprire la porta
e trovarsi di fronte al suo sorriso che le annuncia:
«Cornetti alla crema! Servizio a domicilio».
Tenendo alto in mano un sacchetto, Massimo si avvia allegramente
verso il tavolo sul terrazzo, ma lei si senta impietrita.
Che cosa vuole? Non può venire così, a casa sua,
in un giorno festivo. Sono due colleghi di lavoro e basta.
«Grazie, ma ho già fatto colazione» gli risponde, gelida.
E poi «Che cos'è questa improvvisata?» continua.
«Niente... ho parlato con Consuelo» ribatte lui, inaspettatamente timido.
Il cuore le si ferma in mezzo al petto. «Ah. E quindi?»
«Le ho detto di noi» spiega Massimo, con una voce
così limpida e sicura da farle ritornare il respiro.
«Che ti amo.» O mio dio. Cosa deve fare adesso?
«Volevo che lo sapessi» aggiunge lui, già con uno sguardo di congedo.

Come puoi dire a un uomo che quella che ha davanti è una donna senza alcun futuro?

«Massimo» lo chiama, ma quando lui si volta Paola scrolla le spalle;
le mancano le parole. «...Niente.»
Ma è più forte di lei, non ce la fa. Lo deve baciare.

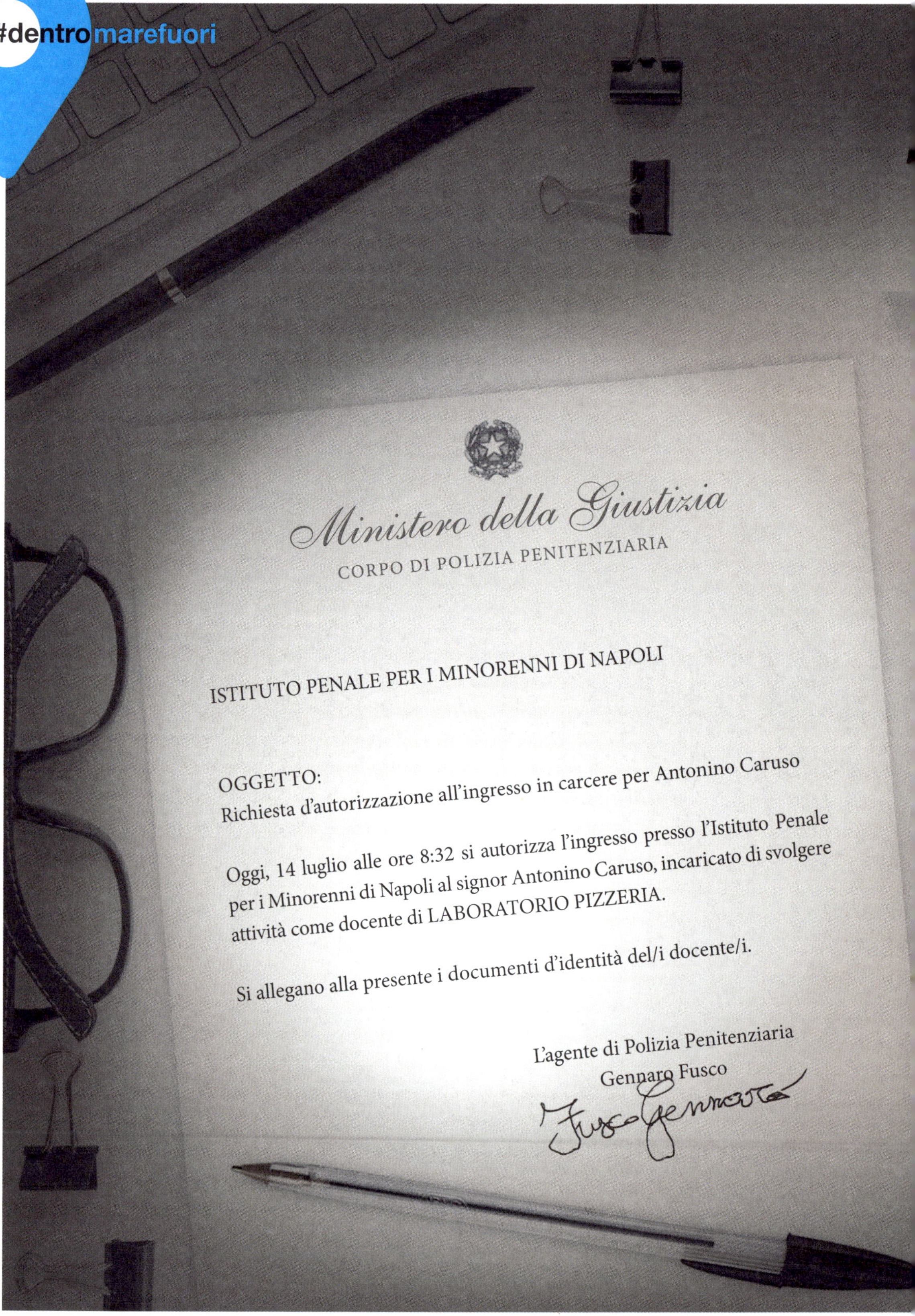

Ministero della Giustizia
CORPO DI POLIZIA PENITENZIARIA

ISTITUTO PENALE PER I MINORENNI DI NAPOLI

OGGETTO:
Richiesta d'autorizzazione all'ingresso in carcere per Antonino Caruso

Oggi, 14 luglio alle ore 8:32 si autorizza l'ingresso presso l'Istituto Penale per i Minorenni di Napoli al signor Antonino Caruso, incaricato di svolgere attività come docente di LABORATORIO PIZZERIA.

Si allegano alla presente i documenti d'identità del/i docente/i.

L'agente di Polizia Penitenziaria
Gennaro Fusco
Fusco Gennaro

* Abbiamo fatto rimuovere i coltelli dalla cucina?
* Sono arrivati tutti gli ingredienti richiesti?
FRAGILE

MAREFUORI
#gliepisodi

EPISODIO 3

Doppia vendetta

Gaetano ottiene la messa in prova e inizia una nuova vita fuori dal "sistema", lavorando in pizzeria. Informato della morte di Fabio, Massimo sospetta di Gianni, ma Gemma cerca di scagionarlo. Viola tormenta Gemma e Rosa e la tensione culmina in uno scontro violento tra quest'ultima e Viola; Kubra affronta il passato con sua madre. Per supportare Edoardo, entrano all'IPM Diego (Dobermann), Luigi (Cucciolo) e Raffaele (Micciarella). Don Salvatore si risveglia dal coma e Mimmo tenta di uccidere Rosa.

EPISODIO 4

L'amore che salva

Carmine riesce a salvare Rosa dall'attacco di Mimmo. All'IPM arriva Sofia, una nuova educatrice che critica duramente la gestione del carcere. Gianni confessa di aver ucciso Fabio, mentre Gemma non vuole lasciarlo, tornando a Udine per la messa in prova. Edoardo ordina a Gaetano di uccidere Mimmo: se non lo farà la pagheranno i suoi genitori. 'O Pirucchio (Gaetano) carica a salve la sua pistola e Mimmo lo uccide.

#emozioni

FILIPPO

«Dai, sbrigati, ché dobbiamo liberare la stanza» gli dice Naditza ridendo, con i capelli che il vento le fa volare sul viso, umidi della rugiada del mare che hanno sentito per tutta la notte: ogni tanto lui si svegliava per il freddo, trovando sempre il corpo di Naditza stretto al suo. Si domanda quanto ancora potranno stare in questa capanna, ma non osa parlarne con lei. Filippo ha paura che Naditza si dispiaccia, che si preoccupi, perché vorrebbe vederla soltanto felice. «Quanti soldi ci rimangono?» le chiede, sforzandosi di sembrare tranquillo.
«Cinquanta euro»
gli risponde lei, con una specie di sorriso soffocato.
«Allora lo shopping lo facciamo domani, eh?»
le dice Filippo per farla ridere.
«Ma pecché?»
ribatte lei, che pure nello scherzo deve avere sempre l'ultima parola.
«Con cinquanta euro ci possiamo comprare...»

Lui la guarda (passerebbe la vita intera a guardare Naditza)

e finalmente lei ride un po', quando si trova costretta a cedere: «Aspettiamo i saldi?»

#confessioni

Se mi trovassi di fronte a Mimmo,
con una pistola in mano per ucciderlo,
e allo stesso tempo vedessi i miei genitori
in pericolo fino a quando io non faccio
quell'azione, non lo so che cosa farei...
Probabilmente vorrei chiudere gli occhi e sparire.

GAETANO

BACKSTAGE
MR
BACKSTAGE

FATHER & SON

Hai già notato l'incredibile somiglianza tra Gaetano 'o Pirucchio e l'attore che interpreta suo padre Alfonso? Se è così, hai visto bene: i due, infatti, sono padre e figlio anche nella vita reale, e si chiamano rispettivamente Domenico (il padre) e Nicolò (il figlio) Galasso.

Quando gli è stato chiesto come avesse vissuto questa esperienza di recitazione decisamente unica, Nicolò ha detto che per lui è stato «Particolarissimo, perché nella seconda stagione l'ho dovuto odiare: non è una cosa facile da fare quando ami tanto una persona. Ma la cosa più difficile è stata un'altra: vedere tuo padre che fa il discorso al tuo funerale. Lì mi stavo sentendo male, perché ero presente. È stata una scena particolarmente toccante che mi ha permesso di vivere questo scambio di identità con un abbraccio "post mortem".»

Vanity Fair del 22 febbraio 2023

BACKSTAGE
MR
BACKSTAGE

EPISODIO 5

L'amore non esiste

Mimmo rientra in IPM, Edoardo lo affronta in uno scontro violentissimo bloccato dall'intervento di Sofia. Gianni dice a Gemma (che vorrebbe restare a Napoli per lui) di andare via, verso un'altra vita, lontano dal carcere, e generosamente la lascia per permetterle di tornare a casa. Filippo e Naditza, ancora in fuga, incontrano Carmine; Massimo li vede, ma decide di non intervenire. Sofia entra di soppiatto nell'ufficio di Paola e riesce a fare una copia dei documenti dal suo computer.

EPISODIO 6

L'età dell'innocenza

All'IPM fa il suo ingresso una nuova detenuta: Giulia, una trapper che stringe legami con Viola. Quest'ultima continua a provocare Rosa, scatenando un duro scontro. Filippo e Naditza proseguono la loro fuga con l'aiuto economico di Carmine, mentre Kubra scopre che la madre è andata via da Napoli. Viola, infine, si suicida dopo aver minacciato di togliere la vita alla piccola Futura, che viene salvata in extremis da un coraggioso slancio di Rosa.

#emozioni

forza

forza (s.f.) - Energia muscolare, prestanza fisica; sin. vigore, robustezza: *perdere, riacquistare le f.*; estens. violenza, fisica o morale: *ricorrere alla f.* | *f. bruta*, usata senza intelligenza | *forze vitali, le energie fondamentali dell'esistenza* | *a tutta f.*, col massimo sforzo, al massimo | *di, a f., a viva f.*, con violenza: *trascinare qlcu. a f.* (...)

KING OF BRUSCHETTA
COFFE DRINK AND FOOD

nostalgia

nostalgia (s.f.) - Sentimento malinconico che si prova nel rimpiangere cose e tempi ormai trascorsi o nel desiderare intensamente cose, luoghi e persone lontane: *sentire nostalgia della famiglia; soffrire di n.* (...)

KUBRA

EPISODIO 7

Per nascere bisogna morire

La morte di Viola provoca forti ripercussioni: Sofia accusa Paola e Massimo di non essere in grado di gestire l'IPM, rivelando di essere venuta per una valutazione e prendendo lei la direzione. Silvia chiede ad Alfredo di riportarla a Capri e Filippo e Naditza vengono rapiti da una nave di trafficanti. Wanda e don Salvatore stabiliscono che deve saltare la testa di Edoardo, mentre Carmine e Rosa saranno intoccabili. L'attrazione che lega i due ragazzi è fortissima, e Diego si avvicina sempre più a Kubra.

EPISODIO 8

Un giorno tutto finisce

Pino viene messo in isolamento per aver aggredito Diego, accecato dalla gelosia. Filippo vorrebbe vendere la droga sottratta ai trafficanti che li avevano rapiti, ma Naditza reagisce con rabbia: con lui non vuole vivere da delinquente. Edoardo sposa Carmela, ma pensa sempre a Teresa, e viene ferito dagli scagnozzi di don Salvatore. Paola lascia Napoli e l'IPM; Futura viene affidata a Wanda, ma Carmine desidera che cresca lontana dal mondo della camorra.

BACKSTAGE
BACKSTAGE

parolechiave

paura

SILVIA

paura (s.f.) - Sensazione di forte preoccupazione, di insicurezza, di angoscia, in presenza di pericoli reali o immaginari; sin. spavento: *prendersi una bella, una gran paura*; estens. Condizione abituale di timore, preoccupazione nei confronti di qlcu. o di qlco.: *avere p. della morte, degli esami* (...)

LUCIGNOLI NEL PAESE SENZA BALOCCHI

L'Istituto Penale per i Minorenni sull'isola Nisida ha ispirato *Mare Fuori* e ha anche visto crescere Giovanna Sannino, che dà vita al personaggio di Carmela: una delle figure più amate della serie.

Racconta Giovanna della sua esperienza: «Nisida è il mio punto di inizio. Io da lì ho iniziato a formarmi sia artisticamente sia umanamente. È un luogo incantevole, un paradiso (...). Ma è anche un posto infernale perché racchiude e toglie la libertà ai "lucignoli": hanno occhi spenti e tanto bisogno di un sorriso. Sono arrivata lì a diciassette anni con mia mamma che vi teneva un laboratorio teatrale. Io e i detenuti eravamo coetanei, ma le nostre vite erano completamente diverse. Per me era come se venissero da un altro pianeta. Loro arrivano veramente arrabbiati con la vita che li aveva presi a schiaffi. Ho cercato di lavorare sulla magia di un sorriso, di un abbraccio, di un contatto empatico. Soprattutto, ho imparato ad ascoltare, un elemento fondamentale sia quando lavoro sia quando vivo: chi ascolta è ben predisposto all'altro».

Style magazine, 7 aprile 2024

BACKSTAGE
BACKSTAGE

EPISODIO 9

Le fasi dell'amore

Conclusa la sua fuga con Naditza, a Filippo non resta che tornare all'IPM, dove viene accolto da Carmine e Pino. Ma Sofia decide che venga trasferito a Milano. Edoardo, gravemente ferito, riesce a trovare rifugio da Liz, ma in breve tempo il suo nascondiglio viene scoperto. Silvia e Alfredo si recano a Capri; intanto, Filippo aiuta Carmine a chiarire finalmente i suoi sentimenti per Rosa e spinge Gianni a finire di comporre un altro brano fatto per "spaccare".

EPISODIO 10

Le regole dell'amicizia

Rosa è terrorizzata all'idea di legarsi a un nemico di suo padre e Carmine fa il possibile per tentare di salvarla dal giogo violento del "sistema". Nel frattempo, Giulia decide di spacciare per opera sua la canzone appena composta da Gianni e Mimmo confessa di aver ucciso Gaetano. Attratti come due calamite, Carmine e Rosa si baciano. Fuggendo dai sicari dei Ricci, Edoardo viene colpito proprio di fronte al portone dell'IPM. Massimo lo soccorre ma sembra in fin di vita.

«È proprio un "avvocato bravo, ma bravo assai" che Lino consiglia a Valentina di assumere, in replica alle argomentazioni della stessa di aver "lavorato sulla sequenza melodica, inserito un bridge che prima non c'era e totalmente riarrangiato la canzone".

Concludendo che il pezzo di Cardillo e Ferrari

non si riconosce nemmeno

e che considerarlo uguale a quello trasmesso alla radio significa "non capire niente di musica"».

È FURTO O NO?

«Affinché la fattispecie del plagio risulti integrata, tuttavia, non esiste una regola generale, almeno nell'ordinamento italiano, con le corti che basano la propria decisione, solitamente, sul parere del consulente tecnico d'ufficio. Infatti, non sono necessari né un minimo di note o battute uguali, ma, al contrario, occorre focalizzarsi sull'insieme di diversi fattori: la melodia, ossia la successione di note di varia altezza e durata dotata di senso compiuto; l'armonia, ossia la successione degli accordi; il ritmo, ossia la scansione delle note nel tempo.

L'accenno alla melodia da parte del personaggio di Valentina non sembra essere accidentale, dal momento che uno dei punti cardine della giurisprudenza italiana in merito al plagio musicale sembra focalizzarsi proprio su questo elemento. La Pretura di Roma, già nel lontano 1994, ha indicato come "qualificabile come plagio musicale la riproduzione della melodia di una canzone in una composizione successiva, tale da ingenerare nell'ascoltatore medio le stesse reazioni emotive suscitate dal brano plagiato". Il medesimo orientamento sembra ritrovarsi nella sentenza della Corte d'Appello di Milano che, nel 1999, ha chiuso il celebre contenzioso instauratosi fra Albano Carrisi e Michael Jackson sottolineando come "nel campo della musica leggera, è la melodia l'elemento individuante dell'opera, sia perché assorbe in sé, più che in altri campi della musica, il nucleo creativo, sia perché costituisce il principale dato di individuazione e di riconoscibilità di una canzone, ciò che con immediatezza viene percepito dai normali ascoltatori"».

marchiedisegni.eu, 5 aprile 2023

segreto

segreto (agg.) Che non deve essere divulgato, che deve essere conosciuto solo dai diretti interessati: *accordo s.*; che non può o non vuole rivelare la sua vera identità: *polizia s.*; clandestino: *amante s.* (…)

MAREFUORI
#gliepisodi

EPISODIO 11

Un'amicizia è per sempre

A seguito dell'agguato, Edoardo viene ricoverato all'ospedale in condizioni disperate. Teresa dona il sangue per salvarlo, ma Carmela la respinge. Rosa accusa Carmine e la sua famiglia di essere responsabili della tragedia, mentre Carmela affronta don Salvatore, sospettando che sia il mandante del tentato omicidio. Grazie ad Alfredo, Silvia viene scarcerata. Gianni scopre che Giulia ha rubato la sua canzone.

EPISODIO 12

La scelta

Lino cerca di mediare tra Gianni e Giulia. Edoardo resta in gravi condizioni, mentre Teresa e Carmela trovano un momento di vicinanza. Kubra scopre che Beppe è suo padre. Liz lascia l'IPM e Filippo viene trasferito a Milano, salutando con emozione i suoi amici. Edoardo si risveglia dal coma. Rosa e Carmine si dichiarano il loro amore, ma vengono sorpresi da don Salvatore: Rosa dovrà scegliere se obbedire al padre o al suo cuore.

adole-scenza

ROSA

adolescenza (s.f.) - Fase della crescita dell'essere umano collocabile tra i 12-14 e i 18-20 anni, caratterizzata da una serie di modificazioni fisiche e psicologiche che introducono all'età adulta; insieme dei giovani che si trovano in tale età; sin. gioventù (…)

Oggi una parte dell'antica cisterna è visitabile: se ti va, puoi camminare tra queste strutture mozzafiato, sentendoti catapultato indietro di duemila anni… e magari portando con te la persona che ami, con la speranza di poterla sbaciucchiare tranquillamente senza nessuno che venga all'improvviso a chiederti di sparargli addosso!

PERDERSI IN UN LABIRINTO

Il portentoso labirinto di colonne in cui è stata girata l'ultima emozionante scena della stagione è la *Piscina Mirabilis*: una gemma nascosta dell'antica Roma che si trova a Bacoli, nella zona dei Campi Flegrei, a due passi da Napoli.

Si tratta di una gigantesca cisterna d'acqua, costruita in epoca augustea, che riforniva la flotta militare romana ormeggiata nel porto di Miseno. Immagina una sorta di cattedrale sotterranea: 48 maestosi pilastri sostengono le volte a botte, creando un'atmosfera suggestiva e misteriosa. Scavata interamente nel tufo, la cisterna poteva contenere oltre 12.000 metri cubi d'acqua. Parte di un complesso sistema idrico collegato all'acquedotto augusteo, la *Piscina Mirabilis* è un capolavoro di ingegneria romana, perfetto per chi ama perdersi tra antiche meraviglie.

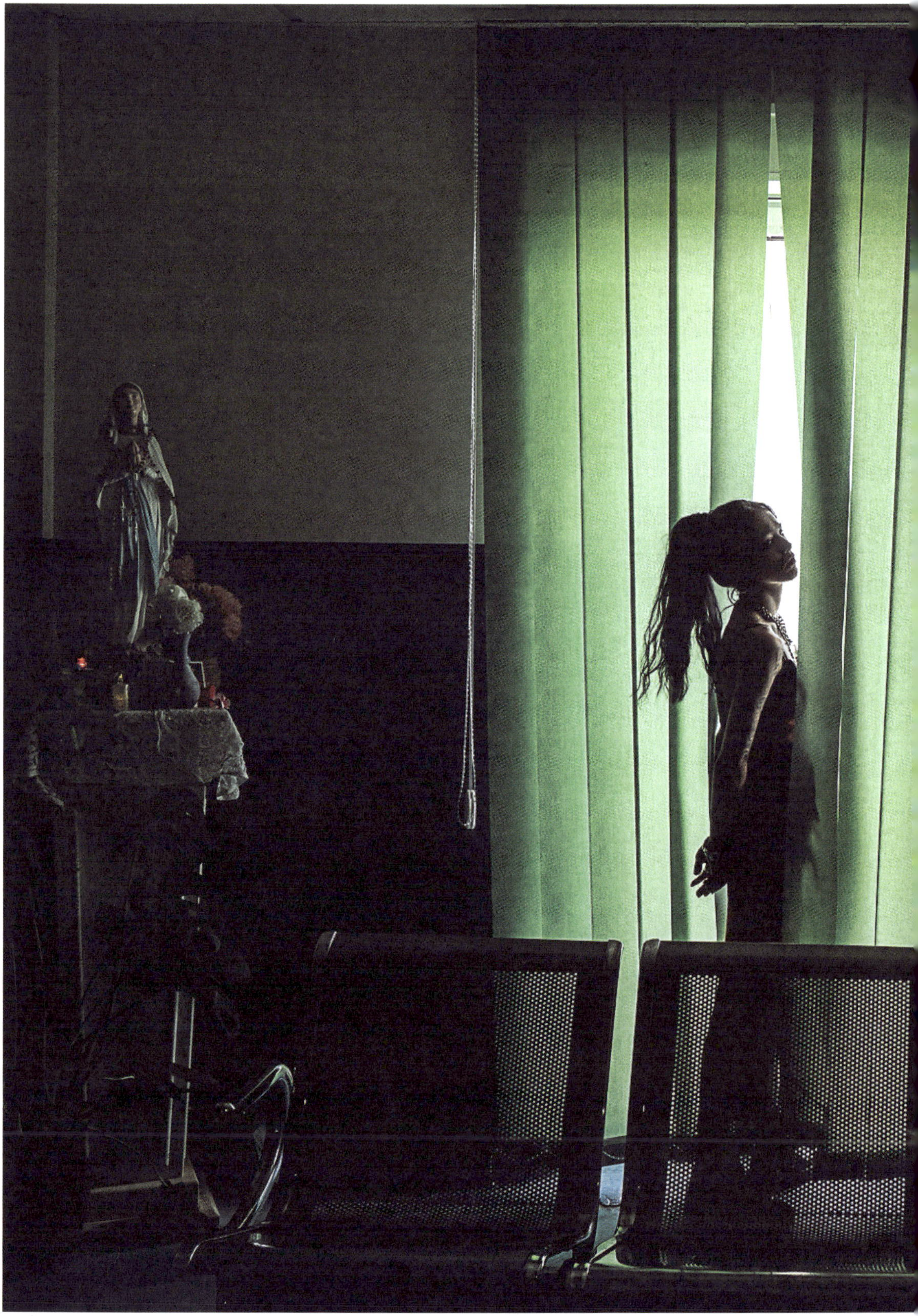

MAREFUORI

4

EPISODIO 1

Nel nome dell'amore

Rosa per sbaglio spara al padre, che si salva per miracolo. In ospedale, Edoardo sopravvive grazie a una trasfusione di Teresa. L'avvocato D'Angelo teme che Edoardo scopra il suo ruolo nell'attentato. La direttrice impone a Massimo di separare Rosa e Carmine. Kubra, aiutata da Pino, riprende in mano la sua vita e Silvia rientra all'IPM. Milos e Luigi si preoccupano che Raffaele abbia scoperto la loro relazione. Beppe si scontra con Kubra, che non lo vuole come padre.

EPISODIO 2

Il vecchio leone e il giovane leone

In ospedale, don Salvatore offre a Edoardo il comando del clan Ricci. Il boss anni prima aveva fatto internare la moglie, dicendo ai figli che era morta. Kubra torna a studiare e Pino chiede di lavorare in un canile. Rosa va a trovare il padre che le rivela il nascondiglio del loro tesoro. Giulia litiga con un produttore musicale. Beppe e Sofia fanno l'amore. Carmela è preoccupata e spinge Edoardo a uccidere don Salvatore, che per lui era come un padre.

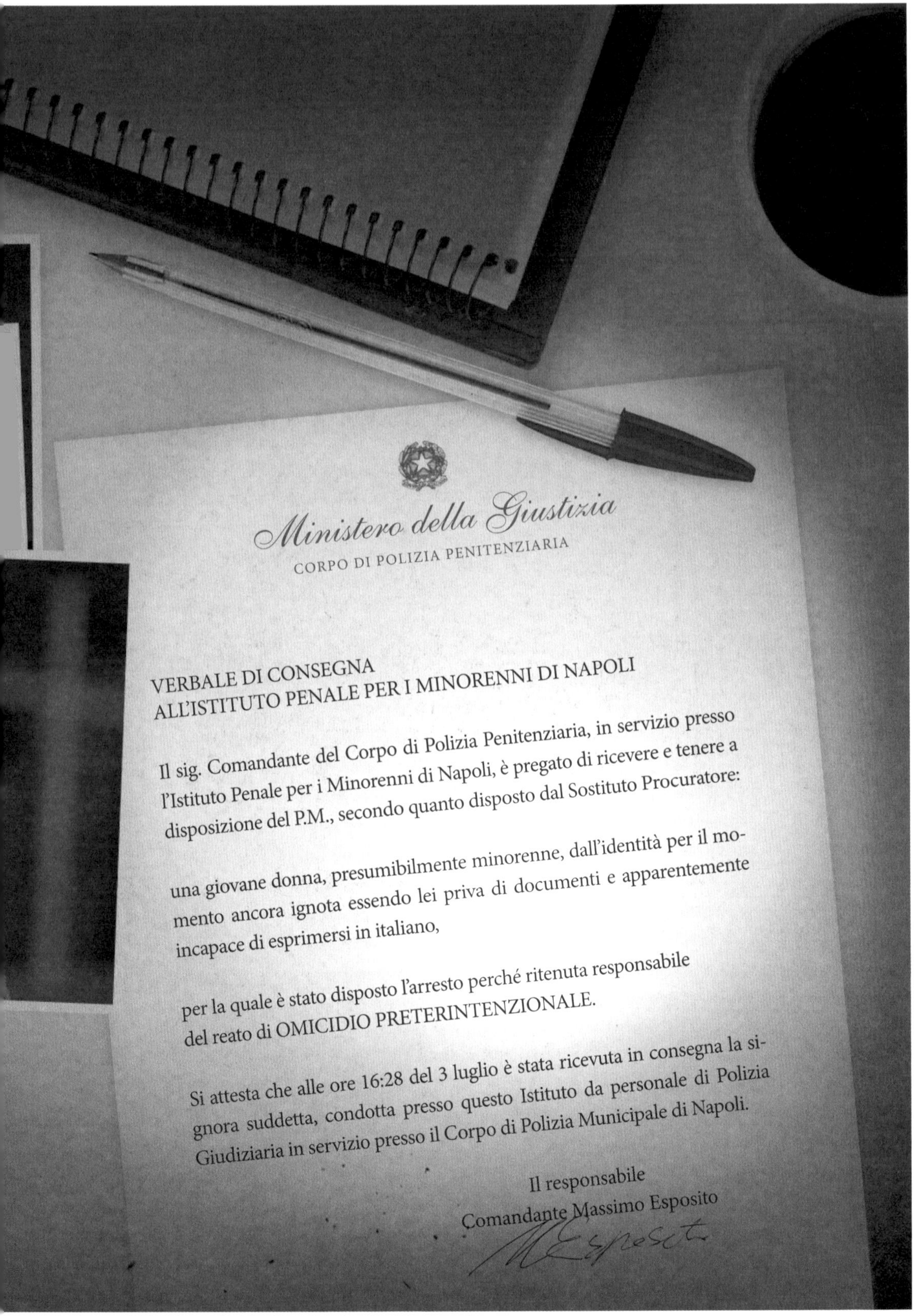

Ministero della Giustizia

CORPO DI POLIZIA PENITENZIARIA

VERBALE DI CONSEGNA
ALL'ISTITUTO PENALE PER I MINORENNI DI NAPOLI

Il sig. Comandante del Corpo di Polizia Penitenziaria, in servizio presso l'Istituto Penale per i Minorenni di Napoli, è pregato di ricevere e tenere a disposizione del P.M., secondo quanto disposto dal Sostituto Procuratore:

una giovane donna, presumibilmente minorenne, dall'identità per il momento ancora ignota essendo lei priva di documenti e apparentemente incapace di esprimersi in italiano,

per la quale è stato disposto l'arresto perché ritenuta responsabile del reato di OMICIDIO PRETERINTENZIONALE.

Si attesta che alle ore 16:28 del 3 luglio è stata ricevuta in consegna la signora suddetta, condotta presso questo Istituto da personale di Polizia Giudiziaria in servizio presso il Corpo di Polizia Municipale di Napoli.

Il responsabile
Comandante Massimo Esposito
M. Esposito

#emozioni

ALINA

Non si può vivere inseguendo un sogno che forse è soltanto un'illusione.

Però non si può vivere neanche senza. Lui le manca troppo. Può chiamarlo illusione oppure sogno, in ogni caso quello che Alina vuole è la sua unica ragione di vita, la cosa che la fa svegliare la mattina e che le darebbe l'energia per fare qualsiasi cosa, forse pure volare: pur di riabbracciarlo e sapere che lui sta bene.

Ma chiusa qua dentro lei non può fare niente. Allora non le interessa di stare con loro. Non le interessa di ballare con quello là, quello con la barba che prima si è venuto a sedere vicino a lei. Non le interessa del pianoforte. Non ci va nella sala comune. Lei vuole rimanere nella sua cella, da sola, e sognare di lui.

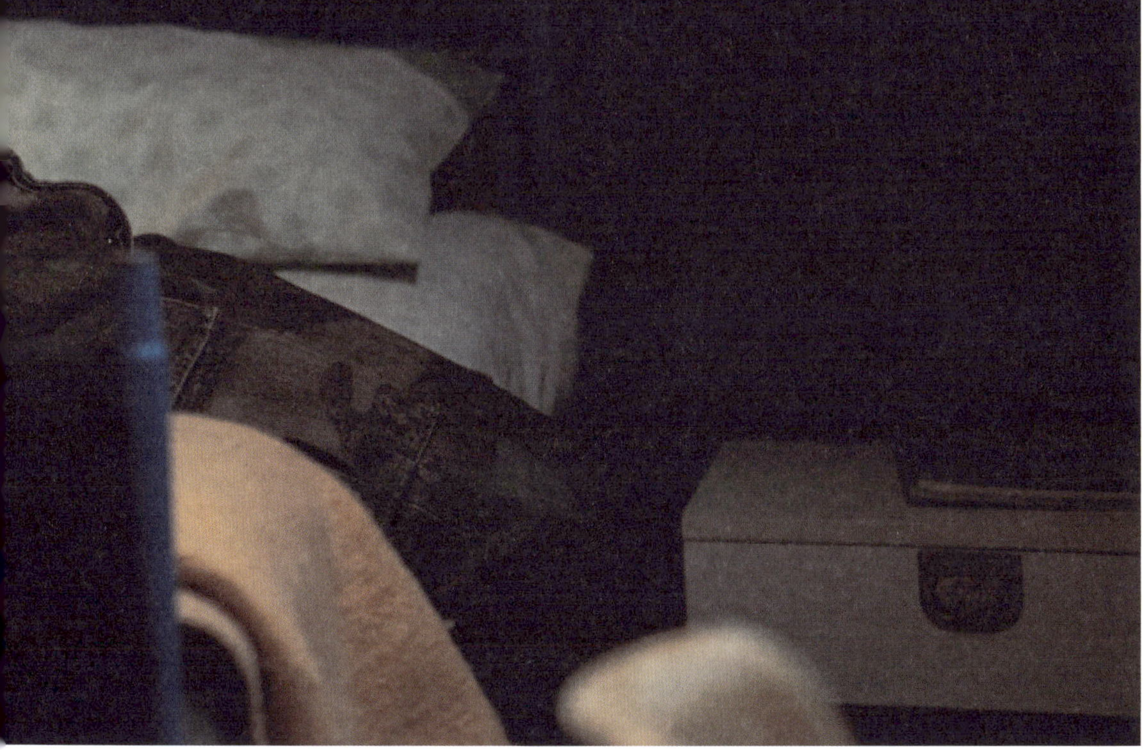

#confessioni

Io ho delle responsabilità, dei doveri.
E quei doveri sono... sono Raffaele.
E Raffaele per me viene prima di tutto e di tutti.

LUIGI

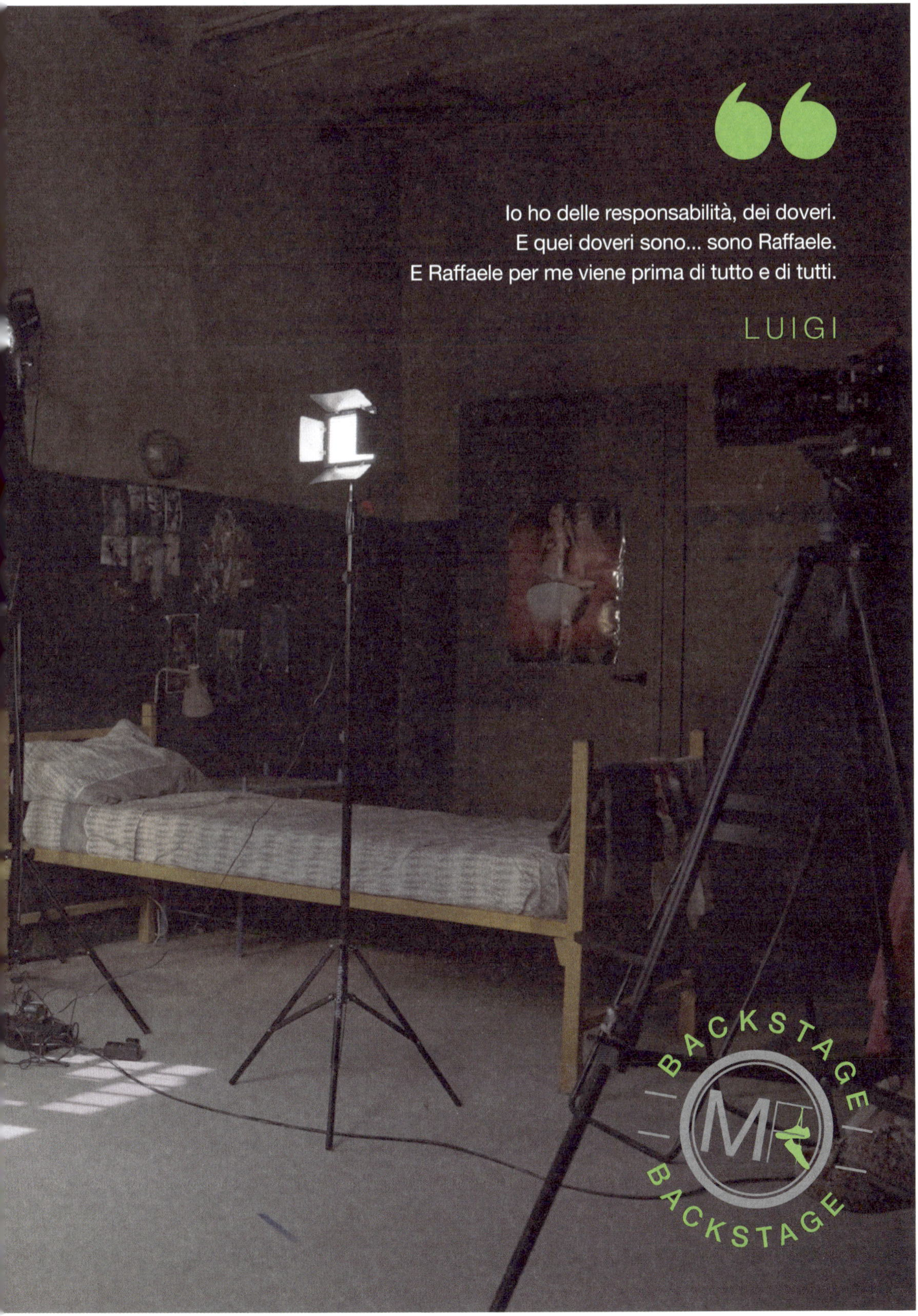

EPISODIO 3

La testa della lepre

Pino comincia a lavorare al canile: resterà deluso. Rosa si allontana da Carmine, credendo che donna Wanda abbia ordinato la morte di suo padre. Luigi la mette in guardia su Edoardo ma lei lo difende. Mimmo dice a Wanda che Massimo vuole aiutare Rosa e Carmine a scappare, lei lo manda coi suoi scagnozzi dalla moglie di Massimo per spaventarla, ma poi la violentano.

EPISODIO 4

Ragione o sentimento

Dopo lo stupro, Mimmo è oppresso dal senso di colpa e Massimo sospetta di Wanda. Carmine si prepara a entrare con Futura nel programma di protezione testimoni; Rosa vuole chiudere con Carmine e bacia Cucciolo davanti a lui. Pino, disperato per i maltrattamenti nel canile, organizza una protesta. All'IPM una nuova ragazza che non parla prende le difese di Cardiotrap. Massimo, distrutto per la violenza subita dalla moglie, torna a vivere con lei per proteggerla.

REDENZIONE E SPERANZA

Gennaro Della Volpe, l'interprete di don Salvatore, non è solo un bravissimo attore. La sua storia, infatti, ben prima di entrare a far parte del cast di *Mare Fuori*, è legata al nome d'arte di Raiz e alla mitica band Almamegretta, una delle prime a contaminare sonorità legate alla tradizione napoletana con suoni contemporanei, incantando il pubblico e raccogliendo incredibili consensi da parte dei critici.

La canzone *Rosa*, con cui si apre la quarta stagione, è stata scritta da Raiz per la figlia Lea. «Ho sempre pensato a mia figlia come se fosse un fiore» ha rivelato in un'intervista. «Quando al mio personaggio è stata attribuita una figlia, per di più di nome Rosa, è scattato uno strano meccanismo di auto-identificazione che si esprime al suo massimo in questa canzone. Don Salvatore Ricci racconta di un sogno che ha fatto:

un impossibile domani di riscatto, redenzione e amore paterno,

ma la sua voce è la mia, che canta per mia figlia che ha cinque anni.»

Corriere della Sera, 30 Gennaio 2024

Raiz ha parlato spesso anche di quello che per lui è il significato più profondo di *Mare Fuori*:

«Non c'è una linea di demarcazione netta tra bene e male, piuttosto si mette in luce l'idea che un giovane può sbagliare, che i nostri figli possono sbagliare, ma c'è una seconda possibilità.

La musica gioca un ruolo cruciale: ho dedicato molto tempo alla colonna sonora, insieme a Matteo Paolillo. È curioso che le canzoni più cariche di speranza e redenzione siano state scritte dagli attori che interpretano i personaggi più malvagi».

Huffington Post, 30 Gennaio 2024

#emozioni

WANDA

Pare ieri che Wanda lo teneva nelle braccia al suo Carminiello,
e anche lui, come Futura, le faceva questi sorrisetti
che la fanno ascì pazza, proprio come ora sta facenn' lei...
Era il cuore suo, Carminiello, poi invece le ha voltato le spalle.
Ma ora è lei, Futura, 'o core suo.
È lei la sua principessa, il regalo più bello.
È Futura che quando sarà grande diventerà una regina
e dovrà portare avanti questa famiglia, così come ora sta facendo lei.

Perché noi donne, quando c'è bisogno, siamo capaci di sollevare pure le montagne.

Anche se certe volte viene voglia di mollare tutto,
poi la forza si trova sempre.

QUEEN

MF
MAREFUORI
#gliepisodi

EPISODIO 5

Questioni di scelte

Carmine non accetta di vedere Rosa insieme a Luigi e si scontra con i fratelli Di Meo. Grazie alla protesta organizzata al canile, Pino ottiene un nuovo lavoro. Silvia viene a scoprire che Alfredo è sposato e decide di lasciarlo, mentre a Giulia viene proposto di incidere un brano nuovo di zecca. Nonostante i tentativi falliti, Edoardo continua a cercare i soldi dei Ricci: per aiutarlo, Raffaele raggiunge Alfredo e involontariamente lo uccide.

EPISODIO 6

Ragazzi fuori

Raffaele dice di aver ucciso Alfredo a Edoardo che lo assale, perché solo lui sapeva dove fossero nascosti i soldi del clan Ricci. È Silvia la principale indiziata dell'omicidio. Luigi è gay ma accetta la richiesta di Rosa di far credere a Carmine che stanno insieme per allontanalo definitivamente; lo ama ma non crede come lui in un futuro migliore. Teresa è incinta e propone a Edoardo di cambiare vita. Giulia dà fuoco allo studio di registrazione, con lei c'è Gianni che tenta di salvarla rischiando la vita.

#emozioni

GIANNI

La voce di Giulia, mischiata con la sua, lo stupisce. Non sempre puoi fare le cose che ti piacciono con anche delle persone che ti piacciono o di cui ti puoi fidare.

L'unica cosa di cui ci si può sempre fidare è la musica: lei non tradisce mai.

Anzi: è proprio la musica che lo ha salvato.
Chi glielo doveva dire a Gianni
che un giorno stava qua,
davanti a questo microfono?
Suo padre diceva che non ce l'avrebbe mai fatta.
Quindi mò deve cantare.
Non deve pensare a Giulia.
Deve pensare a cantare.
Lui non vuole andare giù:
vuole sapere da che parte si deve girare
per andare avanti.

clan

clan (s. m.) famiglia numerosa legata da un forte vincolo di solidarietà: *a Natale tutto il c. si riunisce*; gruppo socialmente omogeneo e chiuso; sin. consorteria: *i c. industriali, finanziari*; con valore spreg., banda, cricca: *il c. vincente della malavita*

ROSA

FAM. RICC

STATT ACCORT'

La scena della morte dell'avvocato Alfredo, così come altri momenti fondamentali della quarta stagione di *Mare Fuori*, si svolge nel suggestivo scenario del Cimitero Monumentale di Poggioreale: non solo un tesoro architettonico della città partenopea, ma uno dei più grandi e affascinanti monumenti funebri d'Europa, paragonabile al *Père-Lachaise* di Parigi.

Le sculture, le tombe monumentali e le cappelle lo rendono un esempio meraviglioso di arte funeraria, dove la città di Napoli esprime il suo particolare e profondo rapporto con la morte, in un costante dialogo tra memoria, devozione e bellezza. In questo luogo in cui l'anima antica della città si rivela in tutta la sua intensità e il suo mistero, il ricordo diventa un'occasione per riflettere e rendere omaggio alle proprie radici... Almeno per la maggior parte delle persone. Per qualcun altro invece (solo nella fiction della serie, naturalmente!) i viali del campusantu hanno tutto quello che serve per nascondere potenziali pericoli: come recita un vecchio detto della saggezza popolare, bisogna aver paura dei vivi, non dei morti!

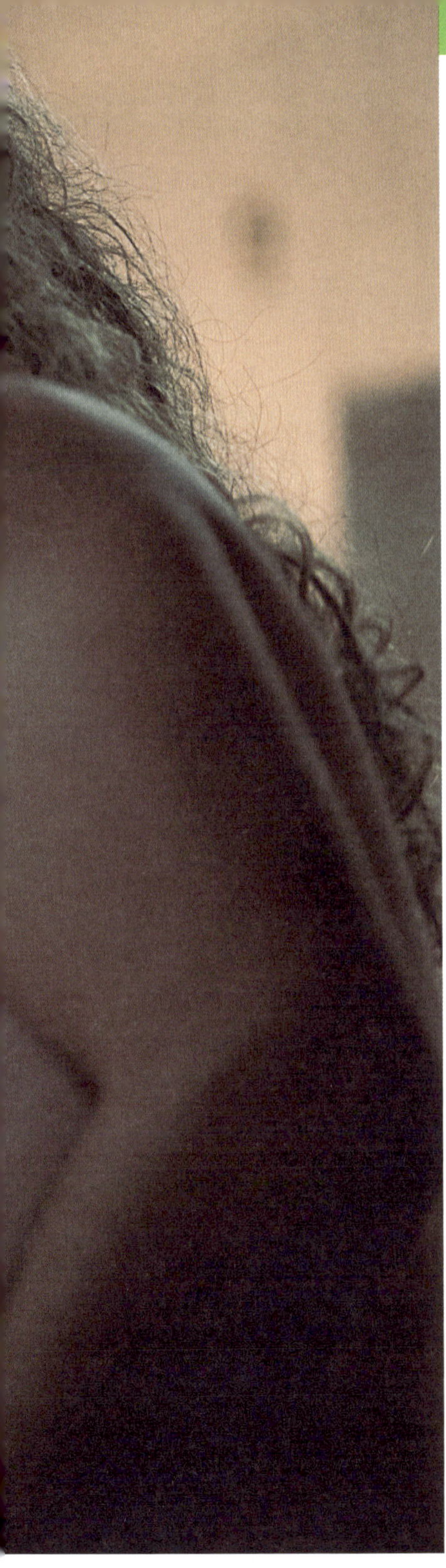

EPISODIO 7

Il prezzo del cambiamento

Gianni e Alina, la ragazza misteriosa, salvano dalle fiamme Giulia, che viene trasferita a San Vittore. Teresa invita Edoardo a cena dai suoi genitori. Carmine si prepara per il programma di protezione; non vuole separarsi da Rosa, ma Pino gli dice che non riuscirà a farle cambiare vita. Luigi vorrebbe dichiarare la sua omosessualità, però sa che il "sistema" non lo accetterebbe. Carmine bacia Rosa e le chiede di sposarlo. Consuelo riconosce la voce di Mimmo come una delle persone presenti allo stupro.

EPISODIO 8

Morire insieme

Pietro, il figlio di Massimo, ruba la pistola del padre per compiere la sua vendetta su Mimmo. Edoardo inizia un nuovo lavoro con il padre di Teresa, ma si annoia. Alina fugge dall'IPM con il folle intento di ritrovare il fratellino perduto. Rosa, Carmine e Futura si godono un momento di pace, e dopo forti dubbi Rosa sceglie finalmente di accettare la proposta di matrimonio di Carmine.

#confessioni

’E ffemmene a me m’ piaciono.

Quann’aggio visto che fratem’... quann steven facenn chella cosa a me... No’ssacc, so’ rimasto deluso, pecché bell’e buono succede ’na cosa accussì, tieni na cosa ‘n cuorp’a tte, tu ccu mme n’a parlà, mi’lla dicere.

RAFFAELE

#emozioni

MIMMO

Era come un'altra mamma, donna Wanda.
No. Era più di una mamma per lui.
Perché a lui lo aveva scelto e Mimmo
non era mai un peso per lei.
Una volta era accussì.

Mò invece è diventato lui
quello che l'ha delusa,
e nun sa cchiù comm' ha da fa'.

KUBRA e SILVIA

amicizia (s. f.) sentimento di affetto, di simpatia, di solidarietà, di stima tra due o più persone, che si traduce in rapporti di dimestichezza e familiarità: *amicizia sincera, profonda*; *fare a.* || *prov. patti chiari, a. lunga*, per significare che se ci si mette d'accordo prima, poi non nascono contrasti (...)

amicizia

BACKSTAGE

“

A me mi chiamano tutti quanti Dobermann. Il mio amichetto, quello piccolino, Micciarella, ha deciso di chiamarmi Dobermann perché ha detto che sono nero nero come il dobermann.

DIEGO

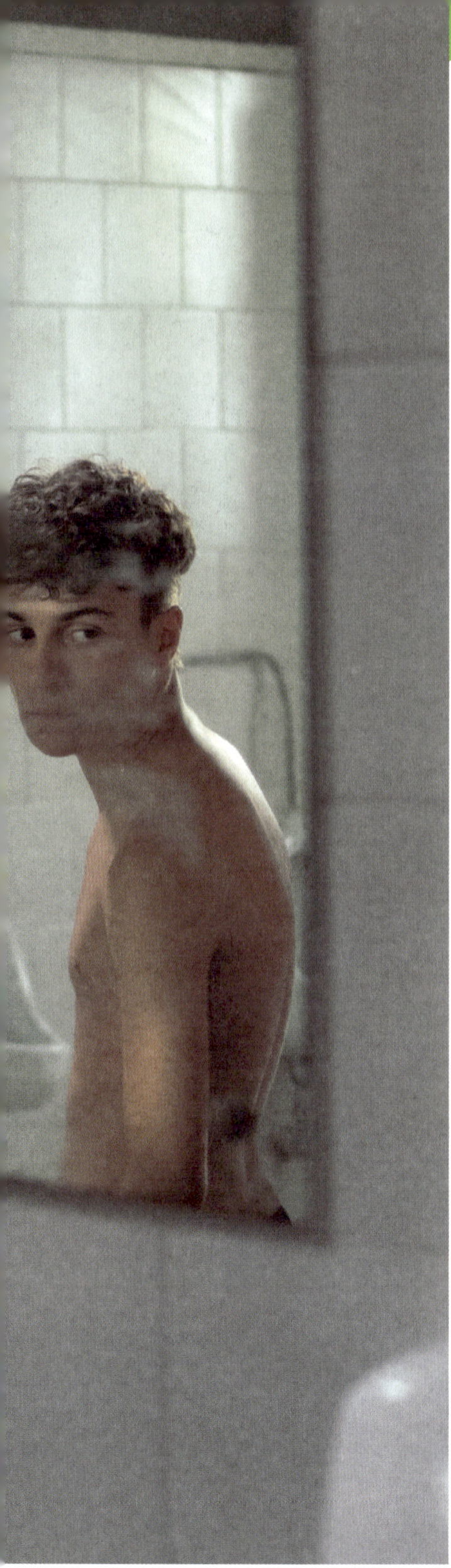

EPISODIO 9

Crescere troppo in fretta

Rosa seguirà Carmine nel Programma di Protezione. Un flashback rivela che Ciro aveva scoperto che la madre era viva, segregata da don Salvatore in una clinica psichiatrica. Kubra supera l'esame di maturità e Diego le dichiara il suo amore. Alina rientra all'IPM; Lino e Silvia si baciano e Luigi fa coming out ma Milos tace: per Cucciolo è peggio di un tradimento e lo lascia. Faccia a faccia con Mimmo, Pietro gli punta contro la pistola.

EPISODIO 10

C'è sempre una prima volta

Pietro non spara ma rivela a Massimo il coinvolgimento di Mimmo. Rosa decide di lasciare il mondo della camorra, mentre Luigi e Raffaele sono sulle tracce del denaro dei Ricci. Silvia è disperata, rischia una condanna lunghissima. Carmine esce dal carcere pronto a iniziare una nuova vita, mentre Edoardo parla apertamente a Carmela del suo legame con Teresa.
Un flashback svela che prima di essere arrestato Ciro aveva fatto fuggire la madre dalla struttura.

PIETRO
fami

famiglia (s. f.) Nucleo elementare della società umana, formato in senso stretto e tradizionale da genitori e figli | *aria di f., di aspetto, di modi familiari* || figg. *far le cose in f., privatamente*; | lavare i panni sporchi in famiglia, non far trapelare i problemi all'esterno (...)

#emozioni

ROSA

Carmine le ha domandato che je piacesse fa',
ma lei non ci aveva pensato mai.
Lei era solo la figlia di don Salvatore Ricci…
e la sorella di Ciro Ricci. Chest già abbastava.
E poi ha insistito a chiederle che cosa sogna 'e diventà,
fuori di qua. Però non è brutto, non saperlo.

**Pecché quann iss la guarda,
per lei tutti i sogni
possono diventare realtà.**

EPISODIO 11

Tenere accesa la speranza

Scoperto che dietro lo stupro di Consuelo c'è Wanda, Massimo sta per ucciderla ma Carmine usa le stesse parole del comandante: uccidere non serve altro che a farti finire in carcere. Rosa cerca invano di convincere Luigi a cambiare vita. Luigi implora suo fratello; non deve confessare di aver ucciso Alfredo, pur sapendo che Silvia è innocente ma verrà condannata. Rosa decide di confidare a Carmela dove sono nascosti i soldi del padre, così potrà rifarsi una vita e forse dimenticare Edoardo; intanto ha avuto dal magistrato l'ok per il matrimonio con Carmine e lascia l'IPM.

EPISODIO 12

Il regalo

Grazie a Gianni e Pino, Alina trova il fratello: ma vedendolo felice, decide di non farsi vedere e rientra all'IPM. Felice per il diploma, Kubra rivela a tutti che Beppe è suo padre, poi spezza il cuore di Pino dicendogli che non lo ama più. Rosa riceve un inaspettato regalo di nozze dalla sua futura suocera, donna Wanda.

#parolechiave

PINO e GIANNI

musica (s.f.) - Arte e tecnica della combinazione dei suoni, secondo regole e generi diversi, come espressione culturale: *storia della m.; comporre m.* (...)

musica

#parolechiave

DIEGO

futuro (s.m.) - Che ci sarà o accadrà nel tempo a venire;
sin. venturo, prossimo: *anni futuri*;
Destinato a occupare il ruolo indicato: *il f. sposo*.

futuro

EPISODIO 13

Ogni inizio ha una fine

Nel cellulare regalatole da Wanda, Rosa trova un video in cui si vede Edoardo che uccide suo padre, don Salvatore. Rosa partirà con Carmine lasciandogli il clan? Kubra non può restare all'IPM ora che la direttrice sa che Beppe è suo padre. La direttrice rifiuta le dimissioni di Massimo. Lino vuole aiutare Silvia a dimostrare la sua innocenza; Angelo, il ragazzo con cui stava la notte della morte di Alfredo, nega di conoscerla. Carmela rivela a Edoardo dov'è nascosto il denaro dei Ricci. Mimmo, incalzato da Massimo, denuncia donna Wanda che viene arrestata.

EPISODIO 14

Per sempre

Raffaele e Luigi scoprono che i soldi dei Ricci si trovano al cimitero di Poggioreale. A un passo dal sì, Rosa rinuncia a Carmine e fugge via. Edoardo lascia Teresa, coi soldi del clan Ricci pensa che riuscirà a conquistare Napoli ma troverà la morte nella cripta del cimitero di Poggioreale dove è sepolto Ciro. Carmine va via da Napoli per iniziare una nuova vita con Futura.

vita

CARMINE

vita (s.f.) l'esistenza, come insieme di fatti e di esperienze che l'hanno caratterizzata: *una v. breve, lunga; avere avuto una vita tranquilla, avventurosa*; nel l. fam., con valore iperb., periodo di tempo molto lungo: *è una v. che non lo vedo* || *v. natural durante, per tutta la v.* | per tutta la vita: carcere a v.; *senatore a v.*

Se vuoi continuare a navigare nelle emozioni dei protagonisti di *Mare Fuori*, puoi farlo tra le pagine del romanzo ufficiale *Mare Fuori. Le forme dell'amore* (edito da Solferino, 2024).
Lo trovi in tutte le librerie e negli store online.

Un ringraziamento particolare a tutta Rai Fiction e Picomedia, e in particolare a chi ha seguito più da vicino questo progetto:

Alessandro Carbone, Annalisa De Simone, Luca Di Meo, Giuditta Iemma, Walter Ingrassia, Daniela Miele, Paola Pannicelli, Cristina Perna, Francesco Pinto, Michele Zatta, Catia Zuzolo.

10

Finito di stampare nel mese di novembre 2024
per conto di RCS MediaGroup S.p.A.,
da Rotolito S.p.A., Via Sondrio, 3, Pioltello (Milano)

Printed in Italy